生き直す

私は一人ではない

高知《たかち》東生《のぼる》

青志社

生き直す

私は一人ではない

高知東生

私は一人ではない——依存症から回復を目指す

まえがき

「高知さん、あなたは薬物依存症という脳の病気です」

保釈され、裁判が始まるのを待っている時期、国立精神・神経医療研究センター薬物依存研究部部長を務める松本俊彦先生を訪ねカウンセリングを受けました。

冒頭の言葉は、その松本先生がカウンセリングの結果を持って僕に伝えた宣告でした。

あまりにもショックな病気宣告に、僕は思わず声を荒げて、

「先生、オレは病気なんかじゃありません」

と、認めることができず、拒絶をし、落ち込んでしまったのです。その時から話し合いは平行線をたどりましたが、松本先生は根気よく

「治療によって回復を目指しましょう」

と、説き続け、脳の病気であることを粘り強く説明して僕を説得していったのです。

なだめ、すかしながら、あの手、この手を使って行ってくれたカウンセリングによって、僕

はやっと依存症が脳の病気であることを理解することができるようになったのです。

さらに、僕を救ってくれたのは回復に向かってサポートをしていただいた恩人の一人である、「公益社団法人・ギャンブル依存症問題を考える会」の代表である田中紀子さんとの出会いです。

田中さんは、僕が薬物依存に陥った、これまでの生きてきた道のすべてを理解して受け入れてくださったのです。

それを認めてくれることなど、あり得ないと思っていただけに驚きました。

覚醒剤所持で逮捕されるまでの僕の人生を振り返ってみますと、上京してからAVプロダクション時代、芸能界で俳優の時代、そして二度の結婚と愛人との時、エステサロン経営の時代を含めて、いつも虚勢と見栄を張り、嘘をつき、金を手に入れ成り上がろうと、ひた走ってきました。

でも本当の自分は弱虫で、脆《もろ》く、怖がりで、臆病で淋しがり屋の、生き方を知らない男でした。そしてそれを隠して、ひたすら虚飾の世界で仮面をつけて過ごしていたのです。

田中さんと知り合って、依存症の自助グループのミーティングに参加するようになって変化が生じてきました。

会はさまざまな人生体験をしてきた依存症の方たちの集まりです。そのミーティングで、依存症の仲間と共に正直な話をし、「12のステップ」と名づけられたプログラムで、これまでの人生を振り返り、生き方を変えることができたのです。

語ることで、改めて僕の人生を振り返ったとき、いかに自分が虚勢を張り、自分を偽り、無理に無理を重ねて生きてきたのかを実感しました。加えて、いかに多くの人を傷つけてきたのかも、痛切に理解できるようになったのです。

僕の生き方のおかしさは、生い立ちに起因することも大きかったのです。

こう言うと、「なんでも生い立ちのせいにするな」と言われそうですし、僕自身もかつてはそう批判する一人でしたが、せいにするのではなく、考え方の原因をつきとめるのだと言われ納得しました。

幼い日をはじめ、自らの人生を振り返ることは、相当な苦痛を伴う作業でした。

僕は最低の人間だと思っていました。

僕が歩んできた人生には、何の価値もない、と信じていたのです。

依存症に完治はありませんが、これは不思議な病気で、回復し続けるためには、同じ依存症に苦しむ仲間たちを助けていく必要があるのです。「助けるものが、助けられる」そんな原理で回復し続けられる病気なのです。

自分のあるがままの感情を見つめ、それを正直に話し、自分自身の心を癒やしていかなければばなりません。

僕はまだまだ回復の真っただ中にいます。

この本は、ジェットコースターのような僕の人生の棚卸しであり、同時に依存症で苦しんでいる仲間と、その周りの人たちへの応援歌でもあります。その人たちに、

「あなたは一人ではない」

「共に乗り越えよう」

と伝えたいのです。

２０２０年８月　　高知東生

生き直す

私は一人ではない

目次

第三章　青春の憂鬱――旅立ちの日に……73

第四章　東京ドリーム――成り上がる……115

解説　主治医　**松本俊彦**

国立精神・神経医療研究センター 精神保健研究所 薬物依存研究部 部長
同センター病院 薬物依存症センター センター長

薬物依存症について
多くの人に知ってほしいこと……232

装丁・本文デザイン
岩瀬聡

第一章

堕ちていく時

元妻高島礼子とのこと

快楽

四年前の二〇一六年六月二十四日、午前八時半過ぎのことでした。

僕は、愛人だった三十三歳の女性と宿泊していた横浜市内のラブホテルで、覚醒剤と大麻所持の現行犯で、〝マトリ〟（厚生労働省の職員でもある麻薬取締官の略称）に逮捕されました。

朝から曇り空が広がり蒸し暑い一日でした。

マトリに踏み込まれたとき、僕らはベッドで寝ていました。全裸でという報道もありましたが、そんなことはありません。実は、吸った大麻が効きすぎて、お互い洋服を着たまま眠りこけていたのです。ドアがどんどん叩かれたかと思うと、「動くな！」と叫びながら突然大勢の人がなだれ込んできました。寝ぼけていた僕は何が起きたのか、すぐに理解できませんでした。

そして、覚醒剤四袋（約四ｇ）と乾燥大麻約２ｇ、大麻煙草三本、ストロー六本、ガラス製吸煙器などを押収されました。

全てがスローモーションに見え、やがて事態を悟り「終わった」と一気に身体から力が抜けていったのです。

正直、僕はホッとした感情にも包まれました。これでクスリをやめられる……。

そう思って「来てくれて、ありがとうございます」と、捜査官にお礼を言ったのです。

のちに松本俊彦先生から聞いたのですが、逮捕の瞬間にホッとしたというのは薬物依存症の人たちの間ではよくある話なのだそうです。

社会のモラルに反し、法を犯す行為だと頭ではわかっていても、そして何よりも、大切な妻を裏切り続けている事実を自覚しながらも、一方で僕は、クスリを使った愛人関係から抜け出すことができなかったのです。何度も「もうやめないか？」とお互い話し合ったことはありました。けれども秘密を持ちあう恐怖から不安で、お互い離れることができなかったのです。

後ろめたい気持ちから目を背け、「大丈夫、バレないようにやればいい」と都合よく自分に言い聞かせ、繰り返していたのです。けれども、現実に捜査官を目の前にしたとき、これでようやくすべての苦しみから解放されると瞬間的に思ったのです。その時やっと辛かった自分の本心を知りました。

僕は逮捕される前日に、撮影のために京都に滞在していた元妻の礼子と、電話でこんなやり取りをしていました。

「京都撮影所のスタッフの人も東生《のぼる》に会いたがっていたから、時間のあるときに京都に来れば？」

「それはええなぁ。コッチの仕事が一段落したら、是非、行かせてもらうわ」

そう彼女を喜ばせておきながら、その翌日に五十一歳の僕が十八歳も年の離れた愛人女性と逮捕されてしまったわけですから、事実を知った彼女も驚きとショックで言葉もなかったでしょう。


元妻の礼子と結婚してから十七年間の歳月が経っていましたが、彼女との夫婦関係は自分では良好だったと思っています。結婚当初は、マスコミなどには「格差婚」、「夫はヒモに近い存在」などと面白おかしく書き立てられることもありましたが、実際の僕らの関係は対等であり、経済的な面を含めて、報道されたように僕が妻に頭が上がらないといったことなど一切なく、もちろん彼女はそんなことを誇示するような女性でもありませんでした。

お互いの仕事については干渉はしないが、応援はするというスタンスで、二人で建てた東京都世田谷区の自宅で、日々を共に過ごしていたのです。芸能界で十七年も円満な夫婦関係でいると「おしどり夫婦」と呼ばれるようにもなりましたが、実際に僕たちも「おしどり夫婦」だと思っていました。夫婦で僕の地元のよさこい祭りに出たり、二人のファンクラブまででき、三匹の猫を子供のように可愛がりながら、このまま死ぬまで生涯を共にすると信じて疑っていませんでした。

それなのになぜ愛人を作ったのかと問われれば、目の前にある刺激にあらがえなかったとしか言いようがありません。元妻の礼子に対しては罪悪感がもちろんありましたが、絶対にバレないようにやれば傷つけることにはならないと、自分勝手な言い訳を作っていました。

また、僕の身勝手な考え方や行動のせいで一緒にマトリに捕まった、当時の愛人女性に対しても、本当に申し訳ないことをしてしまったと、深く後悔しています。芸能人の僕と捕まってしまったことによって、彼女の私生活まで事実無根のことが興味本位で書かれ、ご実家にまで迷惑をかけてしまいました。

一緒に逮捕された女性との関係を彼女は一切気づいていなかったと思います。僕は完全犯罪を目指し、どんな嘘をついたか忘れないようにアリバイノートまで作っていました。内心はいつかバレるのではないだろうか、と不安でいっぱいでしたが、それでも愛人であった女性とクスリを使うことをやめられなかったのです。

逮捕されたことで、もう妻に対してビクビクして生きる必要がなくなったと、ホッとした気持ちになったものの、失ってしまったものがあまりにもたくさんありました。

そして、その最も大きなものが元妻の礼子というかけがえのない存在だったのです。

留置場からの離婚届

僕と元妻の礼子は、俳優を職業とする同業者ですが、お互いの仕事については干渉しないという約束事が、結婚当初からの夫婦の暗黙の了解となっていました。

僕はセリフ覚えが悪いので、家で必死に勉強をしていましたが、彼女は家でセリフの稽古をすることはいっさいありませんでした。

僕らと同じく、夫婦で俳優をやっている先輩に「役者夫婦が上手くやっていくコツは、妻の方が仕事を家庭に持ち込まないこと」とアドバイスされていたみたいで、彼女は本当に徹底していました。

僕もそれなりに俳優の仕事はこなし、稼ぎもあったものの、元妻がトップクラスの主演女優、自分は脇役が中心といったポジションの違いに、結婚後多少の苦しさを感じたことがあったことがありました。

決して逃げるつもりはないのですが、もしかすると、彼女に対して抱いていた俳優業に関する劣等感のようなものや、のちのエステ、健康産業の経営トラブルなどが、愛人との薬物を使った関係にのめり込む要因の一つとなったのかもしれません。

結婚後も独身時代と変わらず、朝まで飲み歩くことが続いたため、「身体が心配だから」という理由をつけて、彼女は僕に門限を決めていましたがある程度大目に見てくれていました。門限破りは度々あったものの、僕が朝まで飲み歩くことで、夫婦関係に深刻な亀裂が生じることはありませんでした。

彼女は問いつめることもなく、僕はそれに甘えていました。

自分の行動を棚に上げての勝手な言い分ですが、逮捕されても彼女のことを深く愛していて、一生夫婦でいたい、というのが僕の正直な気持ちでした。

とはいえ、マトリに逮捕されて、東京都江東区にある湾岸署の留置場に入れられているとき、「愛人、薬物、ラブホテル」という最悪のスリーカードが揃った僕の罪で、妻である彼女をズタズタに傷つけてしまったと思うと、後悔と罪悪感で心が張り裂けそうでした。

なんの落ち度もなく、僕に幸せな結婚生活を与えてくれた彼女に対して、取り返しのつかないことをしてしまったと、自分の愚かさを責め続けました。けれども気がついた時には全てが遅すぎたのです。

マスコミからのマークが厳しいこともあり、留置場にいる僕に彼女が面会することは出来ませんでした。

最初について頂いた弁護士の先生から、面会のたびにスポーツ新聞を持ってこられて彼女が

「出演する予定だったドラマを降板する」、「ＣＭも降りる」、「莫大な違約金が発生する」といった記事を見せられました。

「大騒ぎになっています」「高知さん叩かれまくっていますよ」と毎回言われ、精神的に追いつめられた僕は、担当の弁護士の先生を代わって頂きました。もちろん僕に反省を促すためになさったことだとは思います。

その時の僕は、失った代償があまりに大きく、先生の叱責を受け止められるだけの器量がなかったのです。

彼女に対して、僕の逮捕に煩わされることなく、女優という仕事が続けられるようにしなくてはなりません。彼女はドラマだけではなく、舞台の座長を務めたりＣＭに出たりといった、大勢のスタッフたちが関わる仕事の中心にいる女優でもあるのです。

「高島礼子」というブランドを守るためにも、どうすべきか、自分にできるせめてもの罪滅ぼしは何なのかと、必死に考えました。

最低のことをしでかし、彼女に大きな迷惑をかけてしまい、取り返しなどつかないものの、それでも少しでも守れるものがあるなら、守ってやりたいと、今さら自分勝手なのですが、必死で考えを巡らせたのです。

そして、「一刻も早く離婚するしか解決の方法はない」と、僕はそう結論を出したのです。

◉それまでの人生を整理して生き直すことに不安はありましたが、踏み出してみたのです。

離婚届を彼女に送ったのは、逮捕から二、三週間ほど経った時期だったと記憶しています。一言の説明も釈明もなく、離婚届を送りつけられて、気持ちの整理も、どう判断して良いかもわからないと思います。

自分が情けなく、自業自得とはいえ、胸をかきむしりたくなるほどせつなく、気持ちのやり場がありませんでした。

とはいうものの、彼女が必死の努力で築いてきた女優としてのキャリアを、僕の愚かな行為のために損なわないことや、また、僕自身が彼女にできる唯一の「ケジメ」として、やはり離婚をするしかない、という考えは変わりませんでした。

ほどなくして僕たちの離婚が決まったのです。

保釈後、隠れ家になった狭く汚い部屋で、僕が逮捕されてから六日後の六月三十日に彼女が行った記者会見をネットニュースの動画で見ました。

彼女は何一つ悪いことをしていないのに、大勢の記者に好奇の目にさらされながら深々と頭を下げる姿を見て、申し訳なさで自分に対する怒りと悲しみが込み上げてきました。

その上彼女は会見で「同志でもあったし、親友でもあった」と言ってくれました。彼女も僕と同じ気持ちでいてくれたんだなと、悲しみと共に、改めて感謝の気持ちでいっぱいになり一人涙しました。

本来なら、妻の尊厳を傷つけ、愛人と一緒にいたラブホテルで覚醒剤所持の罪で逮捕された僕のことを、どんな言葉で罵ってもいいはずなのに、一切、そんな言葉を口にせず、最後まで彼女は毅然とし、思いやりのある女性のままでした。

自業自得の果てに

逮捕されたときに所持していた覚醒剤は、僕自身が調達したものではなかったこともあり、湾岸署での取調べは事実関係の確認が主で、留置場のなかで一人で過ごす時間がかなりありました。

留置場は独房で、とにかく孤独が辛かったです。

隣は雑居房で、雑談の声が羨ましく感じたほどで、独房に一人でいるせいか、彼らがとても楽しく会話しているように聞こえたのです。

時間をもてあましているので、壁に耳を当てて、「何の話をしているのだろう」と、聞き取ろうとしたことも何度かありました。

また、運動や入浴も、いつも一人で、留置場での独居生活は、惨めさと、淋しさが募っていきました。

食事は、朝昼晩と支給されたものを食べていたのですが、はっきり言って、これほどマズイものは、いままでに味わったことがありませんでした。

人と話すことができない、食べる楽しみもない独居房で僕がしていたのは、向きを変えながら、狭い房のなかを歩き回る、腕立て伏せをする、本を読むといったことでした。それ以外の時間は、やはり、今後どうしていくかを考えることに費やしていました。その一つが、罪を償い、更生に向かうための具体的な方法を指導してもらうことでした。

二人目の弁護士先生は、じっくり考えてからお話しくださる方で、僕が今後の更生の道を尋ねると、

「正直に言うと、高知さんが更生するために、どういうスタートを切るべきなのか、私にはよく分からない。でも、色々と調べてみます」

と、率直に答えてくれました。

同じことをマトリの方に聞いてみると、依存症の治療を専門にしている松本俊彦医師の名前をあげ、カウンセリングを受けてみたらどうかという提案があったのです。

すぐに弁護士の先生に伝え、保釈後、松本先生のカウンセリングを受けられることになりました。

この松本先生との出会いが、僕の生き方を変える、大きなターニングポイントとなりました。

◉「依存症」とは脳のなかに依存物質や依存行為の回路ができてしまう〝病気〟であることを知ったのです。

東京湾岸警察署の留置場における三十五日間の拘留生活を経て、僕は保釈されることになりました。

逮捕されたときとは違って、外はすでに「盛夏」といった気候になっていました。

保釈の条件の一つとして、裁判が始まるまでの住む場所を、しっかりと定めておくことが必要だったのですが、離婚を申し出ていたこともあり、彼女と暮らしていた、世田谷区の自宅に戻るわけにはいきません。

そこで弁護士の先生とも相談して、友達が用意してくれた、東京都狛江市内にある土建会社の寮の一部屋に仮住まいすることになったのです。

保釈となり、湾岸署から、その狛江の部屋までは、友達のワンボックスカーで向かったのですが、報道陣の車やバイクがたくさん追いかけてきて、まるで映画のなかのカーチェイスのような状況になってしまいました。

ワンボックスカーの後部座席に座っていたのですが、マスコミの車は赤信号でも突っ切ってくるし、二人乗りのバイクは後部座席の人がカメラを構え身を乗り出してくるし、右折すれば前にバイクが突っ込んでくるし、信号待ちで止まれば、マイク班や、カメラ班がドヤドヤと降りてきて写真や映像を撮ろうと車を囲い込むし、事故になるのでは？　と、危なくてヒヤヒヤしました。

仕方なくマスコミを撒《ま》くために、某駅でもう一台の車を駅の反対側のロータリーに待たせ、自分たちは車を駅前につけると猛ダッシュで階段を駆け上がりました。するとマスコミ陣も車やバイクを乗り捨て、駅の階段を駆け上がってきたのですが、僕たちはそのまま反対側の改札前に止めてあった車に乗り込みすぐに発進したので、なんとか逃げきることができました。

後で知ったのですが、彼女と住んでいた世田谷の自宅の方にも、大勢のマスコミ関係者が張り込んでいて、僕が帰宅するのを待ち構えていたそうです。その時は彼女も自宅にいることができなくて、何日もホテルに泊まっていたそうです。自宅周辺は、かなりの騒動になっていたようで、日頃お世話になっていたご近所さんには、本当にご迷惑をおかけしてしまったと、いまも心苦しく思っています。

こうしてなんとか、マスコミの追跡を逃れて狛江に辿り着いたのですが、普段は使われていないその部屋は、天井に蜘蛛の巣が張っていて、自宅とのギャップは、相当に大きなものでショックを受けました。

もちろん、部屋を用意してくれた友達に対する感謝の気持ちでいっぱいでしたが、故郷の高知から二十歳そこそこで上京してから三十年あまり、紆余曲折はあったものの、芸能界という華やかな世界でそれなりの成功を収め、高島礼子という、世間が羨むような美人女優を妻に迎え、東京の一等地に大きな家も建てたという、僕自身のサクセスストーリーは完全に崩壊したことを悟りました。

保釈された三日後の、八月一日僕らは正式に離婚し、彼女が所属事務所を通じて発表しました。僕は、その発表をＴＶで見て、思わず号泣してしまいました。

五十歳を過ぎて、たった一人、社会から隠れるようにして暮らすようになった生活に、自業自得ではあるものの、その寂寥感は筆舌に尽くしがたいものがありました。

狛江の仮住まい生活は、ごく限られた外出の機会以外は、部屋の中に閉じこもって過ごしていました。

近所を散歩するようなことも、ほとんどなかったので、狛江の、どのあたりにいたのかは正確なところはまったく分かりません。

その住んでいた場所に、いま行ってみようと思っても、自分一人で辿り着くことは到底無理でしょう。

食事や着るものは、友達たちが分担を決めて、部屋に届けてくれました。もちろん、彼らと話すことはできたのですが、それぞれに仕事や家庭も持っていますから、必要な時にすぐに来てもらうというわけにもいきません。

また、彼らからは「マスコミが狙っているし、今は部屋でじっとしていろ」と助言されていましたから、生活そのものは、湾岸署の留置場にいた時と、あまり変わりませんでした。

八月の日差しは強く、夏日が続き、エアコンがきかない部屋は蒸し暑く、Tシャツ一枚でもベットリと汗をかいてしまいます。

テレビを付けると、ワイドショーなどで彼女のことも含めて、僕の話題が中心に取り上げられていました。テレビでは「夫妻に近い関係者によると……」といった言い方で、事実とはかけ離れたようなことを報道していました。

〈関係者って、いったいどこのどいつだよ〉

と、諦めにも似た感情を抱きながら、苦笑するものの、本当に気分がふさぎ込むような日々でした。

松本先生との心のカウンセリングも始まりましたが、外出は安物の茶髪のカツラを被り、サングラスとマスクをして、友達の車に乗り込み、先生のところまで送ってもらっていました。

今考えると、そんな変装では、かえって目立ってしまいそうですが、とにかく「マスコミに見つかってはいけない、高知東生とバレてはいけない」と、自分なりに必死だったのです。

マスコミには「復縁するのでは」とか、「高島礼子は前夫に金銭的援助をしている」、「高知東生を芸能界に復帰させるために、前妻の高島礼子が動いている」といった報道が度々流されますが、彼女のためにハッキリと伝えておきたいのですが、それは絶対にありません。僕たちは、あの夏に終わったのです。

最後の幕引きも彼女らしい思いやりと、潔さを持ち合わせた、きっぱりとしたものでした。僕は、失って初めて十七年間の結婚生活がいかに幸せだったか、彼女が大切な人だったかを思い知りました。

離婚が成立してから間もない、二〇一六年九月十五日に裁判が結審しました。

僕は「懲役二年、執行猶予四年」という判決を受けます。

この日は木曜日で、逮捕された日によく似た、雲が重く垂れ込めた、蒸し暑さを感じさせる天気でした。

あれから四年の歳月が過ぎ、今でも本業の女優業はもちろん、テレビのバラエティ番組に出たり、ラジオのパーソナリティを務めたりといった元妻の活躍を、僕はとても嬉しく、ありがたい気持ちで見ています。

僕のせいで女優・高島礼子をあんなにもひどく傷つけてしまったのに、彼女は逆境をものともせず今でも光り輝いている。本当にすごい女性だと改めて尊敬しています。

そしてそんな尊敬する彼女が、こんな僕を「同志であり、親友であった」と言ってくれたことをかみしめ自分自身の励みにしていったのです。

もうオレはもたない

僕の場合は、保護観察付きの執行猶予ではないので、保護観察官や保護司の方の指導や監督を受けながら暮らすということはありません。

つまり、この四年間は自分自身で更生を図る期間ということになるのですが、世間のイメージとしては「自粛に自粛を重ねながら、大人しく暮らし、とにかく時間をやり過ごす」というのが、執行猶予期間中の生活なのかもしれません。

当時は、周囲の友人たちも僕自身も、正しい知識を何も持っていなかったので、「まずは自粛だ、謹慎だ」という思いが強く、絶対に目立ったことはするべきでない、と考えていました。

友達の一人は、

「お前がうかつに外に出たりすれば、高島礼子ファンにブン殴られるぞ」

と笑いながら言っていたのですが、〈あながち冗談でもないな〉と思っていました。刑務所には入っていないけれども、ひっそりと暮らすことで世間が罪を忘れてくれるのを待つという感覚だったのです。

実は執行猶予期間とは、自らの罪を反省すると同時に、再び社会の役に立てる人間になるための準備をする時間だと知るのですが、それはもう少し後のことです。

とにかく自粛することが大事だと考えていた時期の僕は、限られた友人たちとの交流こそはありましたが、彼らは仕事や家庭がありますから、そうそう悩みを相談したり、正直な気持ちを打ち明けたりということはできませんでした。

そういうなかで孤独感を募らせながらも、貯金は徐々に少なくなっていき、経済的な面でも、何か仕事を見つけなければならないという状況になってきました。一方で、執行猶予が明けるまでは、とにかく自粛だ、辛抱だという思いも依然としてあり、どんどん追い詰められていくのが、自分でも分かりました。

仕事ということでは、こんな経験もありました。

俳優をやっていた時代から可愛がっていただいた、とある社長さんから、

「執行猶予が明けるまで、ウチの会社で、広報で何でもいいから、お前がやりたいことをとにかく頑張ってみないか」

という、大変ありがたいお誘いを頂戴したのです。僕は芸能界に復帰しようとはまったく考

えていなかったので、

「何でもしますので、是非、よろしくお願いします」

と即答しました。

ところが、三日後にその社長さんから電話があり、こう切り出されたのです。

「本当に申し訳ない。お前の採用を取締役会に諮《はか》ったのだけど、役員の中から、〝執行猶予中の人間を雇うのは、会社としてマズイのではないか。それに五十歳にもなって薬物で捕まるような人間は、再犯する可能性が高いと聞いている。そんな危ない人間を雇うのはリスクが高過ぎる〟と言われたんだ」

社長さんは、

「オレが作り上げてきた会社だけど中途半端に大きくなってしまい、いまではオレの一存だけでは決められない。本当に申し訳なかった」

と重ねて謝ってくださったのです。僕は〈やはり、これが現実なのだ〉と、痛感せざるを得ませんでした。

身から出たサビとはいえ心はざっくりと傷ついていきました。

僕に限らず、芸能人や有名人が薬物で逮捕されると、「薬物所持、使用で逮捕された人の再犯率は非常に高い、五十歳を過ぎると、なおさら再犯率が高くなる」といった報道が、よくなされます。

これものちに知るのですが、そういうデータは何も治療も受けていない人と、なんらかの治療を受けている人では全く違うのです。けれどもそういった報道が一人歩きしており、釈放後の社会生活は本当に厳しいものでした。

先ほどの会社と同じように、最後の最後で採用の話が白紙になってしまったケースは他にもありましたし、なかには投資会社の広告塔になってくれという依頼や、よくよく話を聞いてみると、僕に活動資金を出させたい、怪しげな宗教団体の勧誘などもありました。

芸能界時代に仲が良かった知人の多くは、ブロックされ連絡がつかなくなっていました。僕に関わり合いたくないのも当然ですが、淋しい気持ちになりました。

再起のチャンスすら与えられない状況では、例え執行猶予が明けたとしても、その後、どうやって生きていけばいいのか、まったく未来が見通せなくなりました。現実は想像以上に厳しいものでした。

保釈されて、執行猶予期間が二年ほど過ぎた時期、孤独で精神状態はボロボロでした。オーバーではなく、「執行猶予期間がどのくらい残っているとかの問題ではなく、もうオレはもたない、死んでしまった方が楽なのではないか」と、真剣に悩みました。

いくらかの貯えで引っ越したマンションのベランダに立ち、このまま飛び降りてしまおうと考えたことも何度かあります。

そしてそんな時期に、僕のもとにある人から救いの手が差し伸べられたのです。

生き直すことができるだろうか

「救いの手」が差し伸べられてきたきっかけは、二〇一八年四月にＴｗｉｔｔｅｒを再開したことでした。

先ほども書いた通り、当時の僕は先の見えない辛い状況のなかにいたのですが、マスコミが時々復縁報道を、面白おかしく書き立てるので、これによりまた高島礼子に迷惑がかかることが耐えられませんでした。

とはいえ、僕の方からそういう記事に対していちいち反論もできない。であれば日記のように、いまの自分の生活と考えを素直にＴｗｉｔｔｅｒで発信していこうと決意しました。それで毎日の生活ぶりを世間に分かってもらえるだろうと考えたのです。

Ｔｗｉｔｔｅｒを再開した翌年の二月、僕のアカウントに、「田中紀子さん」という方から連絡が入っていました。

実は「田中紀子」という名前には記憶があったのです。

僕が保釈され、裁判で判決が下るのを待っていた時期、ワイドショー、インターネットメディアも含め、マスコミは、僕が逮捕時に発した「来てくれて、ありがとうございます」という言葉を、散々叩いていました。

マスコミの論調の大半は、

「愛人と薬物に溺れて逮捕され、元妻である高島礼子を裏切り、多大な迷惑をかけたのに、高知は何をふざけたことを言っているんだ。反省していない」

というものでした。

そういう風向きのなか、『アゴラ』というインターネットの言論プラットホームサイトで、

「この〝ありがとう〟は、依存症者にとっては、ホッとした感情から発した、本当に素直な言葉なのだ。それを依存症の専門家でもないワイドショーのコメンテーターなどが批判するのはおかしい」

と僕を擁護する文章を書いた人の名前が、〝田中紀子〟さんだったのです。

田中さんは「公益社団法人・ギャンブル依存症問題を考える会」の代表でした。

その頃のマスコミには、僕の気持ちに理解を示してくれるような意見は、まったく存在していなかったので、本当に嬉しく、ありがたいと感じていました。

でも、Ｔｗｉｔｔｅｒを再開した当初の僕は、知人から裏切られたり、無視されたり、騙さ

れかけたりといったことばかりでしたから、人間不信のピークにいる状況でした。深い恩義を感じていた田中紀子さんにも、〝申し訳ないですが、人間不信が酷いのでいまはそっとしておいて欲しい〟と返信しました。

ところが、田中さんはメゲない人でした。断ってもすぐ、「一度会いませんか？」という誘いが来たのです。

〈この人ちゃんと読んでくれているのかな？〉

と不審に思い、もう一度〝今はそっとしておいて欲しい〟と入れたのですが、今度は間髪いれず、

「二月二十二日にレストランを予約したのでお待ちしています」

と全く意に介さない返事が来たのです。

〈この人にも騙されるのではないか、利用されるのではないか〉

という疑念もありましたが、そのあまりの強引さに根負けする形で、ついに田中さんと会うことになりました。

待ち合わせの日、よりによって田中さんは二十分近くの大遅刻をし、「すみませ～ん」と大声を張り上げて店に飛び込んできました。

正直僕は、

〈初対面の人に会うのに遅刻をするなんて、ふざけた人だなぁ〉

〈やっぱり騙されたのかな？〉

とも思ったのですが、田中さんは、そんなことは全然気にした様子もなく、

「実は、私もギャンブルと買い物の依存症で、その上、おじいちゃん、父親、夫もギャンブル依存症という三代目のギャンブラーの妻なんですよ」

と切りだしたのです。そのあけすけな物言いに驚きましたが、田中さんの依存症の説明に僕はグイグイ引き込まれていき、結局、場所を何度か変えながら、計六、七時間も話し込むことになりました。

田中さんは、僕が隠したい、触れて欲しくないと思っている部分に、平気で直球をぶつけてくるような人でした。

「まぁ、高知さんの場合はクスリだけじゃなく愛人も一緒に逮捕ですから最悪ですよね」

「もう今がどん底なんですから失うものもないじゃないですか」

といった言葉は、当時満身創痍だった僕にとっては、心にブスブスと矢が突き刺さるような痛みを感じました。けれども不思議とそのまっすぐな言葉が心地よくもあったのです。

そして「高知さんのその最悪の経験は、最高の価値があります。その経験を多くの人に話す

ことで救われる人たちがいます。私と一緒に依存症の啓発活動をやってくれませんか？」と切り出されたのです。

僕はその時、こんな話を人前でするなんてとんでもないと思う反面、僕の経験が誰かのために役立つようになるのか？　と、心の中から喜びの芽が生まれたことを感じずにはいられませんでした。

「高知さん、そのためにはまずご自身が依存症の回復プログラムを受けて、あなたが回復することです」と言われました。

そして、依存に至る要因となった、過去に負った心の傷を突き止めること。また、その心の傷を共に分かち合ってくれる、同じ「依存症」という病を患う仲間たちが作る、自助グループに参加すること。そんな提案を受けました。

〈僕は生き直すことができるだろうか〉

田中さんの提案に心は揺れ動き、不安でいっぱいでした。

「なんで僕なんですか？」

と、今一度ダメ出しのつもりで、田中さんに聞くと、

「だって高知さん大穴じゃないですか。愛人、薬物、ラブホテルですよ。それでも回復できれば、誰でも回復できますよね」

と笑い飛ばしたのです。

この人にはかなわない……僕は、半信半疑のままでしたが、不思議な力に導かれるように、その日から田中さんと頻繁に連絡をとるようになり、どんどんと依存症の回復プログラムに引き込まれていきました。そして否応なく自分の人生を振り返ることになったのです。

そのなかで、改めて向き合うことが、どうしても必要だと感じたのが、幼年時代から二十歳までを過ごした、故郷・高知県でのあの日々でした。

初めて告白する故郷《こきょう》での生活――。

それは僕にとっても辛い記憶でした。

第二章

帰らざる日々

土佐の侠客の子として

幸せの時間

目を閉じると、浮かんでくる。僕は、薄暗い部屋で横になっている。廊下に面した引き戸の隙間から、うっすらと廊下の明かりが漏れている。隣を見ると、ばあちゃんが、規則正しい寝息を立てて眠っている。僕は安心し、その寝息を子守歌に、また深い眠りへと堕ちていく。

それが僕が覚えている幼い頃の最初の記憶です。何歳頃だったかは覚えていませんが、おそらく小学校へ上がる前だと思います。

僕が生まれたのは、一九六四年（昭和三十九）十二月二十二日、東海道新幹線開通、東京オリンピック、パラリンピック開催といった、まさに戦後日本のエポックメーキングとなった年の暮れでした。また、後にテレビ史に残る名作中の名作と評価されることになる、『ひょっこりひょうたん島』の放送がＮＨＫで始まったのも、昭和三十九年春のことです。

幼少時代を過ごしたのは、高知県高知市与力《よりき》町というところです。

町名の由来は、山内家が城主を務めていた土佐藩の時代、様々な職域を執り行う、中級武士である〝与力〟たちが、この地に多く住んでいたからだそうです。県の県庁所在地でもある高知市の中心部に位置していて、近くには、土佐藩出身の幕末の志士・坂本龍馬が泳いでいたことでも知られる鏡川が流れています。

僕の本名は大崎丈二《おおさきじょうじ》で、物心がついたとき、一緒に暮らしていたのは祖母のトヨエでした。両親がいない生活で、祖母は僕に繰り返しこんな話を聞かせていました。

「丈二、あんたはね、赤ん坊のとき、ダンボール箱に入れられて鏡川を流れていたの。それを亡くなったじいちゃんが拾ってきて、このままじゃ可哀そうだからって、この家で育てることになったんよ」

後になって考えると、軍人だった祖父は太平洋戦争で戦死していましたから、一九六四年生まれの僕を拾ってくることは、物理的に不可能なのですが、祖母としては、幼い僕に対して、父親も母親もいないことの理由を、そんな他愛もない作り話で説明してくれていたのでしょう。

祖母は、戦争で祖父を失くしたあと、女手一つで子どもたちを育てていくため、按摩になったのです。当時、按摩は目が見えない人たちが就く職業だったので、祖母は目が見えないふりをして、その技術を学んだのだといいます。血のにじむ努力の末に按摩になった祖母は、死に物狂いで働き、叔父さんや僕の母親を育てたのです。

祖母と暮らしていたのは一軒家ですが、同じ屋敷のなかには祖母の息子、僕にとっては叔父にあたる人の一家も生活していました。

家の構造は細かく覚えていないのですが、叔父一家が住んでいる家の玄関の脇を通って、裏にある別な玄関から祖母と暮らす部屋へ入っていった記憶はあります。現在の感覚でいえば、〝ちょっと造りが変わった二世帯住宅〟というところかもしれません。

叔父一家には、僕と同年代のいとこたちがいたのですが、

「何か面白いことをして、私たちを笑わせてくれたら、このケーキを分けてあげる」

みたいなことは、よく言われていました。

それで、僕が歌ったり、踊ったりして、一家を笑わせ、ケーキを分けてもらったこともあります。一方、みんな笑っていたのに、結局ケーキは食べられない時もありました。叔父たちにすればあまり深い意味はなかったのかも知れませんが、僕は幼いなりに孤独を感じて、〈どうして僕には、お父さんもお母さんもいないんだろう〉と、悲しい思いをしながらも生きるための術を覚えていったのです。

母の兄である叔父は、堅い仕事についている真面目な人でした。貧しくはなかったようで、叔父一家だけで焼肉をよく食べていたのを覚えています。子供心に淋しい気持ちを抱きながら、横目で眺めていました。

◉小学校高学年まで僕を育ててくれた祖母。おめかしして近所の女の子と撮った三歳頃の僕（写真右）。

どういう経緯で僕が祖母に預けられ、叔父一家と暮らすことになったのかは不明ですが、祖母も、叔父一家には相当気を使っていましたし、小学校に上がる前後の僕も、子供なりに肩身の狭さを感じながら、日々を過ごしていました。

幼少時代、共に暮らした祖母のことは、本当に大好きでした。

叔父一家の輪に入れずケーキを食べさせてもらえなくて、僕が心底ガッカリしていたときも、祖母は「丈二、ばあちゃんが美味しいものを作ってあげるよ」と、こんなフォローをしてくれました。

粉《こな》を丸め、そこにきな粉をかけた、シンプル極まりない、祖母お手製の菓子を僕に食べさせてくれたのです。僕は祖母が作るそのきな粉もちが大好きでした。

小学校低学年だったころの運動会も、祖母との良い思い出の一つです。

当時の運動会の種目には、親子で参加する二人三脚競走がありました。叔父夫婦の娘たちは、家の前の道路で、家族総出で練習をしていましたが、両親がいない僕は、〈二人三脚には、出たくても出られないよな〉と思いながら、叔父一家が楽しそうに練習している光景を、複雑な気持ちで眺めていました。

ところが、運動会当日、親子で参加する二人三脚競技を見ることが嫌で、校庭の隅の方に佇《たたず》んでいた僕に、担任の先生が、こんな言葉をかけてきたのです。

「おい、大崎、お前と一緒に走ってくれる人が来たぞ」

僕が振り返ると、白いハチマキを頭にキュっと巻いた祖母が、笑いながら近づいてきました。

「ばあちゃん、そんな格好して恥ずかしいよ。それにばあちゃん、ちゃんと走れるのかよ」

照れ臭さもあり、思わず僕はそう言ってしまったのですが、祖母は意に介さずニッコリと笑って僕の手を取り、二人三脚競技が行われる校庭まで二人で走っていきました。

そのとき、祖母は当時、もう六十歳は超えていましたし、二人三脚の結果は、当然のように〝ゲッピ（高知の方言でビリッケツの意味）〟でした。断トツのゲッピでも、僕は嬉しかったし、祖母に対する感謝の気持ちを、強く、深く抱いたのです。

両親がいないことでからかわれたり、お小遣いが貰えないので友達の誕生日会にも行けずイジメられたりすると、僕はメチャクチャに暴れて向かっていく子供だったので、しょっちゅう先生に叱られていました。するといとこたちから叔父に情報が伝わってしまい、家に帰れば今度はまた叔父に怒られる。締め出されたり、はたかれたり、家から出されたりと、今思えば叔父なりのしつけだったのでしょうが、僕にはどこにも居場所がないように感じていました。

叔父の家での肩身の狭い暮らしの唯一の救いは、どんなときも陰でそっと僕を慰めてくれる祖母の存在でした。

小学生の頃の僕は、あきらめることが当たり前の生活で、孤独で、「自分が悪い子だからだ」「自分がわがままなんだ」と、自分を責め続けなければ生きていけませんでした。少しでも希望を持つと打ち砕かれ、がっかりすることの連続だったので、望みや夢を抱かないように自分を抑えつけていました。

淋しくて、羨ましくて、愛されたくて、でもその本当の気持ちを口にすることだけは絶対にするまいと、幼いころの僕はそんな小さなプライドを胸に秘め、毎日を生き抜いていました。

祖母の誇り高き気質

両親がいなくても生きていくうえでの心構え、大切にすべき習慣といったことに関して、祖母から受けた影響は、とても大きなものです。

朝起きると、東西南北それぞれの方角に手を合わせて頭を下げることが、祖母のルーティーンとなっていました。

あるとき僕が、「どうしてばあちゃんは、じいちゃんの仏壇だけじゃなくて、いろんなところに手を合わせているの?」と尋ねたことがあります。

祖母は、幼い僕に言い聞かせるように、こう答えました。

「いいか、丈二。じいちゃんは戦死してしまったけど、戦争で死んだのは、ウチのじいちゃんだけではないんだよ。敵も味方もなく、どの国の人でも、たくさんの方が亡くなっている。もしかしたら、本当は戦いたくはなかったけど、愛する人たちを守るために、やむなく銃をとり、そして死んでいった方たちもいると思う。そういう方々にも手を合わせないと、罰が当たる」

この祖母の話は、幼い僕の心にも響きました。いまでもですが、何か感謝することがあったときは、僕も東西南北それぞれの方向に向かって手を合わせるのです。

戦争に関連したことでは、祖母には、こんなエピソードもあります。

当時は、学校行事として行われる運動会とは別に、近辺の各町内会が集まり、町別対抗形式の運動会みたいなものが、毎年開かれていたのです。そのなかで行なわれた子供たちが競う駆けっこで、僕は1等賞を取りました。

会場のグラウンドから家へ戻るために、町内にある鏡川沿いの道を祖母と歩いていたのですが、祖母も、僕が1等賞を取ったことを、とても喜んでくれました。

「丈二、今日は本当に頑張ったね。ご褒美に飴玉を買ってから帰ろうかね」

祖母が、そう言ってくれたとき、片足を失った軍服を着た人が、道端に座っている姿が、僕の目に映ったのです。

祖父が戦死してしまった太平洋戦争が終わってから、すでに二十五年ほどの歳月が流れていましたが、当時の鏡川沿いには、いわゆる傷痍軍人（戦争で大きな後遺症を負った、元軍人たち）と呼ばれる人たちが、物乞いをするために、空き缶やザルを前に置いた状態で、ボロボロになった、ゴザの上に座っていたのです。

僕は、祖母に、こう言いました。

「飴はいらないから、その分のお金を、あの軍人さんに渡してあげて」

祖母は、嬉しそうに、軍人さんの前に置かれていた空き缶に小銭を入れ、その人に向かい、手を合わせました。

「丈二、今日は、良いことをしたね。ああいう人たちが犠牲を払ってくれたからこそ、いまの平和な世の中があるんだよ」

ところが、ちょっとした拍子に、僕がその軍人さんの方を振り返ると、片足を失くしているはずの軍人さんが、スクっと両足で立ち上がり、「今日はこれで店じまいだ」とでも言うように、ゴザを片付けている姿が目に飛び込んできました。

〈あれ？　おじさん立てるんだ？〉

僕には、その光景がすぐには理解できませんでしたが、その軍人さんの様子を見ていた祖母は、普段とはまったく違う鬼のような形相を浮かべ、その人の方へ駆け戻っていきました。

「子供の純粋な思いを踏みにじるな！」

祖母が、軍人さんを怒鳴りつけているシーンは、不思議なくらい鮮明に、僕の心に残っています。

いま思うと、祖母は、戦争で亡くなった祖父への愛情を生涯持ち続け、軍人さんには特別な尊敬の念を抱いていたのでしょう。その尊敬する軍人さんが、孫の純真な想いを騙したことで怒りが沸騰したのだと思います。当時の僕は、祖母の深い思いを知る由《よし》もありませんが、ただ「ばあちゃんは、いつだって絶対に僕を守ってくれる」と心強く思ったのでした。

優しいおばちゃんは母だった

ある日祖母から、「今日は、丈二にとって大事なおばちゃんが来るからね」と言われ、二人で家の前でそのおばちゃんを待っていたことがありました。僕が、小学校の一年生か二年生ぐらいの時だったと思います。

しばらくすると黒塗りの大きな車が家の前に止まり、着物姿の綺麗なおばちゃんが、スーツ姿の男たちを三、四人引き連れて降りてきました。おばちゃんが車を降りると、若い男の人がサッと日傘を差しかけ、明らかに異様な雰囲気がしました。僕は、恐くてとっさに祖母の後ろに隠れてしまいました。

おばちゃんは、なんでもない風に家の中に入って大人たちと話をして帰りましたが、このおばちゃんが、時々遊びに来るようになったのです。

おばちゃんが家に遊びに来ると、美味しいものをお土産に買ってきてくれたり、お寿司をとってくれたりと、家のなかは一気に華やいだ空気になりました。

不思議なことに、このおばちゃんがいる時は、叔父や叔母が急に僕のことを褒めだして「良い子だ、良い子だ」と言うので、普段の対応とのあまりの違いになんとも複雑な気持ちになりました。

たまには、おばちゃんの家に遊びに行ったり、一緒に買い物に行くこともありましたが、そんな時おばちゃんは「丈二、欲しいものはない？」と聞いてくれて、グローブやバットなどなんでも好きなものを買ってくれました。

日頃、ＴＶ番組一つであっても自分の自由になることはなにもなく、ましてや物を買ってもらったことなどなかったので、僕は、年に数回会えるこのおばちゃんのことが大好きでした。

そんな大好きなおばちゃんが時々来る生活が三、四年続き、僕が小学校五年生になった時のことでした。

ある日、いつものようにおばちゃんが遊びに来ると、祖母が突然、

「丈二あのね、この人が丈二の本当のお母さんなんだよ。これからは一緒に暮らすんだよ」と告げたのです。僕は、びっくりしましたが、〈僕にもお母さんがいたんや！〉と、天にも昇る嬉しさでした。

しかも日頃は厳しい叔父夫婦も、このおばちゃんには明らかに気を使っていたので、〈何でも買ってくれて、おじちゃんらも気を使うような人が僕のお母さんやったんや〉と、誇らしい気持ちでいっぱいになりました。僕の少ない荷物をまとめると、祖母が手をつないで僕を車まで送ってくれました。でも祖母は、なかなか僕の手を離そうとしませんでした。

その時僕は、母ができたことがものすごく嬉しいと同時に、祖母と離れ離れになると思うと、なんとも複雑な気分になりました。〈ばあちゃんが一人になっちゃう〉〈ばあちゃん淋しくないかな〉と心配になり、子供心にも胸が締め付けられる思いでした。

祖母がなかなか離さなかった手をやっと離し、僕を車に乗せると、車はすぐに動きだしました。僕が、振り返って祖母を見ると、祖母はいつまでもいつまでも手を振ってくれていました。

母との生活が始まったのは、僕が小学校五年生くらいの頃で、一九七五年（昭和五十）あたりです。

母と暮らし始めたのは、高知市桟橋通四丁目という場所で、今度はマンション生活になりました。学校は転校せず、僕はその日から電車で通学することになりました。

マンションの何階で暮らしていたのかは、よく覚えていないのですが、建物の一階にはレストランが入っていて、時々母と二人で夕食に訪れました。

母との暮らしは、当初、僕が思い描いていたものとは、まったく違っていました。現実は、母が家にいない日も多かったのです。帰って来ない時は、丸二日くらい何の音沙汰もなく、当時は携帯電話もありませんから、心細くて仕方がありませんでした。

そんな時は、小学校から帰ってくると、ご飯が用意されているわけでもなく、テーブルの上には、ただお金がポンと置いてあるだけでした。これで自分が食べる物をなんとかしろ、ということなのですが、コンビニもない時代、どうしてよいかわからないことだらけでした。

住んでいたマンションの一階にあったレストランに、母親が置いていったお金を持って、晩ご飯を食べに行ったこともありますが、小学生が一人で食事をしているのなんて、僕以外いませんし、あまりの不安から、一人で祖母のところに帰ろうと家出をしたこともありました。けれども結局は連れ戻される羽目になりました。

夢に描いていた母との生活は決して楽しいものではありませんでした。

実は、母は高知で有名な任侠の親分の愛人だったのです。

もちろん、当時の僕には愛人ということはわかりませんでしたが、普通のお母さんのようではないなと思ってはいました。学校行事に来てくれることもないし、夜中に酔っ払って帰って来たかと思うと、「タバコ買ってきて」などと言いだし、僕を困らせました。学校から帰っても、部屋が真っ暗だと、暗澹たる気持ちになりました。

今でも僕はあの子供時代の不安な気持ちを想い出すのが嫌で、出かける時も電気をつけっぱなしにしています。真っ暗な家に帰ることがどうしてもできないのです。

若い衆が車で僕を迎えにきて、事務所のようなところで、数人の男たちとちゃんこ鍋を食べることもありました。食べ終わったら、また車で家まで送ってもらうのですが、そういうときも、母の姿は一切見えなくて、〈一体、どこでどうしているのだろうか〉と、聞きたい事は山ほどあるのに、聞いてはいけない気がして、あちらこちらに気を使い、大人の顔色を見ながら過ごしていました。

母と一緒に出かけることもあるのですが、いつも若い衆が四、五人一緒に行動して、決して母と二人っきりになることなどありませんでした。その人たちは、母のことを「姉《あね》さん」と呼んでいて、とても気を使っていました。

ちなみに、若い衆たちは、僕のことを坊っちゃんの意味で「ぼん」と呼んでいました。

当時の僕は、叔父一家のところから移ってきて、今度はこういう家族に移動したんだなと思っていました。

そして今思えば、母の周囲にいる若い衆からも、街の人からも僕は特別な目で見られていたと思います。

例えば、こんなことがありました。いつものように、母と若い衆と一緒に車に乗せられたのですが、母は誰かと待ち合わせでもしていたのか少し時間が余っていたようで、珍しくパチンコ店に入りました。当時は、まだレバーを握るタイプではなく、一打一打弾くタイプだったのですが、僕も台の前に座り、見様見真似で適当にやっていると、どういうわけか、ロクに入ってもいないようなのに、ジャンジャン玉が出続けたのです。ビックリして声を上げる僕に、母は手をたたいて大きな身振りで喜んでいました。

今なら暴対法で有り得ない話ですが、このパチンコ店はおそらく地元で有名な侠客の姉さんが店に来たので、気を使って大当たりを出してくれたのだと思います。

父は高知で最も有名な侠客だった

ある晩、一人で家にいると、母の〝お付き〟をしている若い衆がやって来て、ブレザーのようなものを着させられました。慣れないおめかしをした状態で車に乗せられ、きらびやかなおそらくキャバレーだったと思うのですが、綺麗な女の人が沢山いるお店に連れていかれたのです。「何が起きるんだろう」子ども心に不安でいっぱいでした。綺麗な女の人たちは僕を見ると、頭を抱きかかえ「うわぁ、かわいい」などと言いながら、もみくちゃにしたり抱きついたりするので、何が何だかわかりませんでした。

そんな女性たちの中に、着物姿で一人悠然と構える母がいて、その隣には、背広姿の細身でスラッとした男性が座っていました。そして母は、

「この人が、丈二のお父さんだよ」と伝えたのです。

突然のことで僕は状況が上手く飲み込めませんでした。

〈ばあちゃんは、ボクを川で拾ってきたと言っていたのに、お母さんだけじゃなく、お父さんもいたのか——〉

ものすごく驚いたことを覚えています。

父親がその時何と声をかけてくれたのかは覚えていないのですが、「お〜、よう来たな〜」とか、そんなような感じだったと思います。

母親に、「丈二のお父さんだよ」と紹介された人の名は、中井啓一《なかいけいいち》という、四国では有名な土佐の侠客《きょうかく》でした。

一九二四年（大正十三）高知に生まれ、太平洋戦争に従軍し、生きて故郷に戻ってきたとの

ことでした。

戦後の一九五四年（昭和二十九）に、自らが組長を務める、中井組を設立し、母とは二十歳近く年が離れていたと思います。

中井啓一は、任侠の世界で勢力を拡大しながら、高知の名士としての顔も持っていて、僕が生まれる前には、高知市議会の議員も務めていました。

父にはもちろん本妻がいて、母は愛人でしたが、父に本当に愛された女性であることは間違いなかったと思います。時々しか会う機会もありませんでしたが、父は僕のことも大事にしてくれました。激動の時代を生き抜き、僕が東京に出て間もなく亡くなりましたが、この中井啓一の息子という印が、僕の運命を大きく変えていくことになるのです。

母の背中の刀傷

ある日、母から「丈二、出かけるよ」と言われ車に乗り込むと、いつもより多くの若い衆が付いてきました。そして二階建ての事務所のような建物に連れていかれました。母と僕、そして若い衆何人かと話をしていると、突然二tトラックが建物目がけて突っ込んでくるのが見えました。あっという間にトラックが激突すると、ドヤドヤと中から知らない若い衆が飛び込んできました。すると「オラーッ！」「このやろー！」「ぶっ殺すぞ！」と口々に怒鳴り合いながら大乱闘になったのです。

母が僕に向かって「丈二！　上にあがりやっ！」と叫んだので、僕は何が何やらわからないまま、一人の若い衆にひっぱられるようにして二階に駆けあがりました。階段の上から少しだけ首を出して下を見ていると、物が飛び交い、怒鳴り合い、殴り合いの大立ち回りで、僕は怖くて怖くて、震えながらシクシク泣いていました。

すると相手方の若い衆が階段を上ってこようとしたので、母がとっさに目の前に立ちはだかり、両手を広げ階段の下をふさぎました。するとその母の背中をその若い衆は刀でばっさりと袈裟がけに切ったのです。母は一瞬「グワッ」とうめき膝をつきましたが、また立ち上がって階段をふさいだのです。

僕は、何が起こっているのか理解ができず、ただただ恐怖で呆然としていました。するとまた、大勢の若い衆がどどーっとなだれ込んできて、乱闘が鎮まってきました。おそらく母の味方の援軍が駆けつけたのだと思います。

一人の若い衆が「姉さんっ！」と母のところに駆け寄ると、母は僕を見上げ「丈二、もう大丈夫よ」と言うと、そのままバタリと倒れてしまいました。

すると同時に「姉さん！　姉さん！」「うわぁ！　姉さんが切られとる！」と若い衆たちの

大騒ぎが起こったので、僕はやはり母が刀で切られたのだと悟りました。

母は若い衆らによってそのまま病院に担ぎ込まれ入院し、僕はその間祖母のところに預けられました。

世の中に、自分の母親が刀で切られるところを目撃する子供がどれだけいるでしょうか？　母との暮らしはショッキングなことの連続でしたが、僕はショックであればあるほど、そのことを〈誰にも聞いても、言ってもいけないのだ〉と、決して口にすることはありませんでした。

周囲の大人もどんなに理不尽で不可解な出来事があっても僕に説明してくれる人など誰もおらず、まさに当時の僕は、機能不全家族の中に起きる「見ない・聞かない・感じない」を実践するアダルトチルドレン（機能不全家族で育った子供）でした。そして僕の周りには機能不全家族特有の「ファミリーシークレット」が沢山あったのです。

しばらくすると母は案の定、何事もなかったかのように家に戻り、あの乱闘騒ぎのことは一切触れずに再び一緒に暮らしはじめました。

ある日、母がお風呂からあがり洗面台の前にいるところを、僕が何気なく通り過ぎようとすると、母の背中には見事な緋牡丹の彫り物があり、その上に生々しい刀傷がついていました。僕は、母の知らなかった一面を垣間見てしまい、また仰天させられたのでした。

頻繁にということではないのですが、父が、母と僕が暮らすマンションに来たり、泊まっていくこともありました。母は、父がいつ突然来ても良いように、常に部屋の中は綺麗に片づけ、掃除だけは行き届いていました。そしてどんな時も美しく身づくろいしている人でした。僕の印象では、母親は圧倒的に着物姿でいたことが多かったように思います。

家にいる時の父は、僕には普通に接してはくれましたが、母が気を遣っているのは、子供心にも分かりました。父に初めて出逢った日から、母に今度からこの人を「お父さんと呼びなさい」と言われていたので、僕は父が来るといくぶん緊張しながら「お父さん、こんにちは」とあいさつしたり、今思えばものすごく他人行儀に、礼儀正しく接していました。

けれどもそもそも家庭というものがどんなものか分からないので、当時は、〈お父さんって、こういうものなんだろうな〉と思っていました。

数は多くありませんが、僕のアルバムには母と同居してからの小学校時代の写真が貼ってあります。でもそのほとんどが、ちょっと硬い表情で、きちんとした格好で立っているか、正座をして写っているのです。

そして悲しいことに、両親と一緒に撮った写真はおろか、母と二人で撮った写真も一枚もないのです。のちに聞いたところによると、母は無類の写真嫌いだったそうなのですが、残された写真はたった一枚カラオケに行った時のものだけで、生まれた時も、入園式、入学式、卒業式、誕生日……どんな人生の節目の時でも、母と写っている写真はただの一枚もないのです。

時々、母は僕が生まれた時にどう思ったのか知りたいなと思うことがあります。

母が僕をいとおしそうに見つめてくれている写真をたった一枚でもいい、残しておいてくれれば、僕はもっと自信の持てる人間だったのかなと考えたりすることがあります。

家に来た時の父は、意外と普通の人で、僕と野球盤で遊んだり、畳の部屋で相撲を取ったりしていました。野球盤は僕より下手くそでしたが、父はとにかく負けず嫌いで、勝つまで絶対にやめないのです。何度か試合を挑まれた思い出がありますが、最後は根負けした僕が、父にわざと負けてあげていました。

父に対しては〈自分がお父さんの機嫌をそこねて、お母さんがお父さんに嫌われてはいけない〉という意識が常にありました。僕は、叔父一家の家で過ごした肩身の狭い思いがあり、〈この家を追い出されたらどうしよう〉〈行くところがなくなったらどうしよう〉と常に恐怖を感じていました。

芸能人になってからの僕しか知らない人には信じられないと思いますが、母と過ごした子供時代は、口答え一つしない、真面目な良い子、というより大人たちにとって都合のよい人形のような子供だったのです。

●母と住み始めた小学校六年生のときのスナップ。自宅マンションのベランダで母が撮ってくれた。

我が家の特別なところは、お正月にも表れました。

年の初めは、母と一緒に父親の事務所に出向くことが恒例となっていました。そこでは組関係の正月行事、いわゆる〝事始め〟が開かれていたのです。当時、隆盛を極めていた中井組の〝事始め〟では、高知県だけでなく、全国から親分と、その子分衆が集まっていました。

僕は、父と母の隣に座っているのですが、次々と大人たちが訪れてきては、「ぼん、明けましておめでとうございます」と言ってはお年玉をくれるのです。それも小さなポチ袋なんかじゃありません。結婚式で貰うような祝儀袋でくれるのです。

僕は、母に言われるがまま、祝儀袋が置かれるたびに機械的に「ありがとうございました」と礼儀正しく、正座したままひたすら繰り返していました。

集まったお年玉は、すべて母が回収していたため、一体、どのくらいの金額に達していたのかは分かりませんが、子供心にもその祝儀袋がうずたかく積み重なっていく様子を、〈すごい！〉と思いながら眺めていました。

父は、そんな様子をニコニコしながら機嫌よく眺めていました。

母や、お付きの若い衆と街中を歩いているときは、見知らぬ人たちから挨拶されることもよくありました。

どこにいても僕は、〈礼儀正しく、お母さんを困らせてはいけない〉と緊張していましたが、子供の頃は気づかなかった「中井啓一の息子」というレッテルは、こうして僕の意志とは関係なく、良くも悪くも高知県の中で広まっていったのでした。

真面目で良い子だった僕が、唯一、父と母を慌てさせてしまった出来事も、我が家ならではのことでした。

ある日父が家に来ると、組の胸章いわゆる〈金バッジ〉を机の上に置いたのです。金ぴかに光ったそのバッジを僕が手に取り「綺麗やねーこれ」と、父に言うと、父は上機嫌で「お前も、大きゅうなったらつけるか？」などとやりとりがありました。

朝、僕は小学校に行く時、急に〈そうや、このかっこいいバッジつけて学校行こう！〉と思いつき、何の気なしに上着の胸につけて行ってしまったのです。

すると休み時間に、担任の先生から職員室に呼び出され、慌てて行ってみると、学校になどこれまで来たことのない母が待っていました。母は、ゲラゲラ笑いながら、

「丈二、そのバッジお父さんのやからねー。返しやー」と言って持って帰ったのです。

爆笑している母の横で、担任の先生は顔がひきつっていました。

この事件、学校から連絡がいったのか？　母が学校に連絡したのか？　どちらだったのかはわからないのですが、僕は、誰からも叱られたりはしませんでしたが、おそらく学校の先生方の間では評判になったと思います。

それにしても、小学生が組の親分の〈金バッジ〉をつけて登校したのは、あとにも先にも僕だけではないでしょうか。

中井の父の「魔法の電話」

子供の頃に見ていた父親の姿として強烈に覚えているのは、当時の僕が心のなかで密かに名付けていた、「魔法の電話」です。

どういう経緯かは覚えていないのですが、父の事務所で父が仕事をしている姿を見ることが時々ありました。

事務所を訪ねてくる人の数は多く、父は、その一人一人に対し、親身になって相談に乗っていました。なかには、涙を流しながら、切々と父に訴えかけている人もいました。相談に来る人は、どんな人たちだか素性はわかりませんが、おそらく近所の商店主であるとか、小さな会社の経営者とか、いわゆる普通の人々だったのではないでしょうか。

父はじっと、その人の話を聞き、必ず最後に、こう聞いていました。

「お話は、よく分かりました。では、どうしたいのですか?」

それに対し、相談に来た人々は、自らの願いを父に伝えていたようです。

その後、父は受話器を持ち上げ、電話で何かを話していました。口調は丁寧でしたが、低く、よく通る父の声は、小学生である僕にも、〈なんだか迫力があるな〉と思わせるものでした。

電話していた時間は、それほど長くなかったと記憶しています。

「あぁ、もしもし中井です。○○さんの件でお電話したんですが」「では、この件ワシが預からしてもらいますんで、いいですね」と言うと、大抵の場合はそれで用事が済み、「じゃあ、よろしく」と父が受話器を置くと、「大丈夫、無事に解決しましたよ」と伝えるのです。

すると相談に来た人は、平身低頭して「本当に、どうもありがとうございました。助かりました」と言って、涙をぬぐい心底ほっとしたように笑顔になるのです。

子供ながらに、問題を次々解決して人助けをしている父はまさに「魔法の電話」を持っていると思っていました。

帰り際、相談者の方が「心ばかりですが、御礼を」となにがしかの包みを差し出すと、父はいつも「いやいやどうぞお気づかいなく」と何一つ受取ろうとはしませんでした。

もちろん父は、堅気の人間ではなかったので、その後、裏では何かがあったのかもしれません。けれども当時の僕はそんなことを知る由もなく〈お父さんって、かっこいいなぁ〉と憧れの気持ちを持っていました。

そして将来は、お父さんのように誰かを助けるヒーローのようになりたいと、漠然と思っていました。

母の役割

父と母は時々不思議なことをしていました。

僕の家は、父が来ると、一緒に若い衆もやってくることがあってそんな時は母がささっと手料理を作りみんなに振る舞っていました。僕と二人の時は、決して手料理など作ったことのない母でしたが、父の接待のような役割は本当に一生懸命でした。

けれども時々、父の留守にも若い衆が来るのです。

ある若い衆は母の手料理を食べていたり、ある若い衆は母の膝枕で耳かきをしてもらっていました。でも、どの若い衆もみんな泣いているのです。僕は大の大人が何故泣いているのか、不思議で仕方がありませんでしたが、もちろんそんなことは聞けません。そっと自分の部屋で静かにしていました。

そんなことがあると、その後必ず数日おいて父がやってきて、今度は父が涙を流しているのです。

すると母はそんな父の背中をトントンと優しく叩きながら、何かを語りかけなぐさめているようなのです。

また、二人で位牌に向かって、手をあわせている時もありました。

もちろん当時は、それがどういうことなのかまったく理解できなかったのですが、大人になるにつれ、組同士の抗争のなかで中井組にいた若い衆が刑務所に行ったり、亡くなったりして、それを父親が悲しんだり、弔っていたのだということに気が付きました。当時は抗争が激化している時代でした。

母はおそらく父の命を受け、まだ年若い組の者が、長い刑務所暮らしや、時には命を落としかねない危険な役目を果たす前に「最後のお願い」をきいてやっていたのだと思います。

依存症のプログラムに繋がり、幼少期のことを何度も思い出すことになりました。それは決して、楽しい作業ではありませんでした。僕にとって幼少期は、いつも孤独で、安心が欲しくて、愛を求め続けた日々でした。

叔父の家にいた時は肩身の狭い思いをし、何一つ望みが叶いませんでした。願ったものをできるだけ早くあきらめることが、当時の僕の唯一の生きる術でした。

叔父の家にいた小学校低学年の頃、こんなことがありました。友達と自転車で遊びに行った帰り、一匹の白い子犬がついてきました。追い払っても、全速力で逃げても、なぜかその子犬は、僕のことだけを追いかけてくるのです。そうしているうちに段々僕は、その子犬が可愛く見えてきてしまいました。友達も「丈二のことが好きなんだよ」「飼ってあげれば？」と無責任なことを言います。

孤独にさいなまれていた僕は、その子犬とどうしても離れがたくなり、連れて帰ってきてしまいました。〈庭の片隅に、隠して飼おう〉そう思ったのですが、もちろんあっという間にバレてしまいました。叔父にこっぴどく怒られ、「すぐに捨ててこい！」と怒鳴られました。

僕は、僕になついてくれたその子犬とどうしても離れがたく「おじちゃん、犬飼わせて」「お願い、飼っていいでしょ」と泣きながら懇願しました。祖母もオロオロととりなしてくれましたが、叔父は頑として譲らず、結局、三日間だけシロと名付けた子犬と過ごすことが許されました。

そして三日後になると、近所に住んでいた別の叔父が迎えに来て、シロを一緒に遠くに捨てに行くことになりました。僕は泣きながらシロと車に乗りました。

どれぐらい走ったでしょうか。「叔父がこの辺でいいだろう」と言って、シロを放すように言いました。けれどもシロはなかなか車をおりません。叔父は「少し一緒に遊んで行くか?」と聞きましたが、僕はますます悲しくなるだけだと思い、シロを無理やりひきはがし置いて帰ったのです。その時、「期待したらいけない。期待を持ったら悲しくなるだけ」そうはっきり信じるようになりました。そしてその信念のもとなんとか生き抜いてきたのです。

自分の人生を振り返ると、僕の唯一の味方だった祖母のことは、今でも大好きで感謝の気持ちしか湧いてきませんが、母に対してはどうしても手放しで好きになれず、恨みや、理不尽さに、あまり思い出したくありませんでした。

あの頃、母と祖母、そして叔父一家の間でどんな約束があり、僕は預けられていたのか? 地元の有名な侠客の姉さんとなった母を、他の家族はどう思っていたのか? 母の前では誰も母を責めるような人はいなかったけれど、僕を決して喜んで預かっていたわけでもなかったと思います。今思えばそれも当り前だと思いますが……。

何よりも僕は〈母に愛されなかった子供だった〉と証明されることが怖かったのです。〈母は母親であることよりも女であることを選んだ〉そう認めなくてはならないことが悲しかったのです。

けれども、事件を起こし依存症のプログラムに繋がり、過去をくまなく棚卸しして振り返りわかったことは〈母は、母なりに愛してくれていた〉ということでした。ただ母は育て方がわからない人だったのだと思うのです。

叔父一家との暮らしは辛かったけれど、写真を見ると叔父には娘しかいなかったはずなのに、僕はパリッとしたかっこいい洋服を着ています。恐らく母が送ってきていたのだと思います。

抗争に巻き込まれるような危険にさらす愚かな母だけど、命がけで守ってもくれました。

母は、母なりに僕を一生懸命愛してくれたし、惚れた男にも一生懸命尽くした、まさに土佐高知の「はちきん（高知の方言：男まさりで勝気な女性のこと）」だったんだなと今は思えるようになりました。

第三章

青春の憂鬱

旅立ちの日に

明徳中学と母の啖呵

桟橋四丁目のマンションで母親と暮らしていた〝激動の日々〟が、一応のピリオドを打ったのは、僕が私立明徳中学校（現：明徳義塾中学校）に進学したからです。

僕が明徳中学に入学したのは、一九七七年（昭和五十二）の春です。

学校の所在地は、高知県中部に位置する太平洋沿いの町である須崎市。ハッキリ言って、高知のド田舎の山奥です。まだ創設五年目の新興の私立学校で、前年の一九七六年には中高一貫教育を行う、明徳高校（現：明徳義塾高等学校）も創設されていました。この学校の大きな特徴は、食と住が完全に保証される寮が準備されていることでした。

寮が完備された明徳中学へ進学することを勧めたのは、母でした。

「丈二は明徳に行きなさい。スポーツも盛んだし、全寮制だから」と言われました。

母にしたら、食事の用意もままならないので、全寮制なら安心と思ったのでしょう。

僕も、母に振りまわされる生活に苦しさを感じていたので、良いも悪いもなくただ単に「全寮制」の学校に行くことに同意しました。

いまの明徳義塾は、僕らの在校時にはなかった「特別進学コース」が設置され、東京大学に合格する生徒も出ている進学校となり風紀面もしっかりしていますが、当時はやんちゃな生徒が沢山いました。

母校の名誉のために断っておきますが、七〇年代の後半から八〇年代前半は日本中が校内暴力で荒れている時代だったのです。街では「暴走族」が何百台も連なり危険走行をし、家庭内暴力を描いたドラマ「積木くずし」が大流行。いわゆるヤンキーたちが社会問題化している時代でした。

とはいえ、入学金、月謝、寮費といったお金は、決して安くはありませんでしたから、経済的には恵まれた家庭の子が、比較的多かったようには思います。

当時の母も、高知で日の出の勢いにある侠客の愛人でしたから、おそらく学費ぐらいは父が出してくれていたのだと思います。自分の生い立ちや、家庭の事情を知らない人たちに囲まれるようになって、僕はのびのびできるようになりました。

寮では、一部屋のなかに六人が生活していました。朝は六時半に起床し、朝礼をしてから朝食、そして学校で授業を受け、放課後は生徒全員が、必ずどこかのクラブに所属しなければなりません。僕が所属していたのは野球部で、練習の厳しさは半端ないものがありました。当時は、「練習中に水を飲むことは絶対に禁止」という時代ですから、夏場の練習中には、熱中症で倒れる部員も、決して少なくはありませんでした。

寮に戻ってからは、夕食、風呂、その後、寮に用意されている自習部屋で勉強というのが、一日のスケジュールです。

自由時間となるのは、消灯までの三十分くらいで、その間にはテレビを見ることもできました。九時に消灯になるのですが、もちろんそんな時間に寝れるはずもなく電気は消していましたが、ダラダラと友達と話しているのが常でした。

実家の気づまりな生活から解放された上、思春期にさしかかると段々と僕も自我が芽生え不良っぽいことに憧れるようになりました。

当時の明徳では、中学一年生から高校三年生までを、一年生から六年生と呼び、中学生が高校生を見ると、まるで大人そのものでした。先輩方の中には、時々こっそり酒を飲んだりタバコを吸ったりしていて、僕も大人ぶりたくて、カッコつけて酒やタバコを見よう見まねで始めたのは中学二年生の終わりごろでした。

寮を出て、実家に帰るのは、年間で二十日くらいしかありませんでした。部活によってはもう少し長く帰省できる所もありましたが、野球部はそんなに甘いものではありませんでした。

◉中学から明徳義塾に進学して寮生活が始まった。僕はすぐに野球部に入った。

帰省しても、母がいなかったり、父が来ていて気を使ったりするので、僕は小学校の時の友人の家に泊ったりしていました。すると、街に残った友人たちが、いっぱしのヤンキーになっていて、彼女を作ったり、髪の毛をリーゼントにしていたりと、実に自由そうに見えて羨ましくなっていきました。友人たちに比べて坊主頭で、野球漬けの青春はどこかやぼったく思えたのです。

特に、明徳中学が嫌だったわけでもないのですが、当時の僕は街に戻りたくなっており、ある日母に「高校は別の学校に行きたい」と伝えました。ところがその頃の母は、僕に野球を続けさせたかったようで「附属なんだし、折角野球もやってるんだから、そのまま明徳に行きなさい」と全然聞き入れてもらえませんでした。

母のことだから折れることなど絶対にないだろうと思い、僕はそのまま明徳高校に行くことにしました。

中学三年生になりシーズンが終わると、野球部は高校生と一緒に練習をするようになります。当時の明徳野球部は、全国から野球少年が集まってきており、甲子園まであと一歩、強豪校と言われるようになっていました。実際に、甲子園には出場していないけれども、僕の二つ先輩の、横田真之さん、河野博文さんは大学進学後プロ入りしました。中学野球部でも部員は百人くらいおり、僕はファーストでレギュラーになったり、補欠に落ちたりとボーダーラインにいました。

〈どうせ明徳に残って野球をやるなら、真面目にやるか〉高校進学が見えてきた時、先輩たちの真剣な姿を見て自分を変えたくなったのです。

それまでは、ろくに朝礼にも出なかったり、遅刻の常習犯だったのですが、朝礼前に走り込みや投げ込みを自主練習して、朝礼にもきちんと出るようになりました。親しい友人たちにも、「俺、ちょっと真面目にやるわ」と宣言し、友人も「そうか、頑張れよ」と言ってくれました。

ところがです、ある日、友人の部屋に呼び出されたので行ってみると、決意を話した友人たちにボコボコにされてしまいました。多分、友人たちは真面目になろうとする僕が面白くなかったのでしょう。よりによって八人相手に「リンチ」をくらってしまい、腕とあばらを骨折し、顔面はみるも無残にボコボコになり、八重歯は唇に貫通し折れていました。最後にバットで後頭部を殴られそれっきり意識を失いました。寮長があまりのうるささに注意をしに来て発覚し、僕は病院に担ぎ込まれ入院する羽目になったのです。

今の時代の中高生には信じられないでしょうが、当時のヤンキー学校や、暴走族などではこの「リンチ」というのがそれほど珍しくなかったのです。鞄に剃刀を忍ばせたり、鉄板を貼ったり、とにかくむちゃくちゃな時代でした。

この時は、さすがの母も飛んできて、毎日付き添ってくれました。僕は二日間くらい意識がなかったようなのですが、気づいたら母が隣にいました。

しかし、今考えても死ななくてよかったです。ケンカ慣れしていない中学生なので、一対八でむちゃくちゃにやられてしまいましたが、一カ月くらい入院したと思いますが、母は毎日、父も一、二回来てくれました。父は僕の顔がはれ上がって目が開かないので「目見えるか？ 目潰されてないか？」と心配し、目が見えるとわかると「よかった。大丈夫や」と安心したようでした。

一度母が来ている時に加害者側の生徒とその親たちが謝りに来ました。

「この度は本当に申し訳ございません。これはつまらないものですが……」と菓子折を差出すと、母は怒り狂ったように啖呵を切り、「あんたら今謝ったな。謝ったってことは自分らが悪いと認めたんやな。なんやつまらないものってっ！」と言って、その菓子折をどさっとゴミ箱に捨て、掃除用具に入っていたモップを取り出し、「丈二、これでやり返しなさい！」と僕にそのモップを渡そうとしたのです。

けれども僕はギプスでがっちり固定されていますし、動くことなどできません。

「おかぁ（この頃母をこう呼んでいました）無理やろ」と言うと、母は「丈二の代わりや！」といってそのモップで生徒たちをボコボコに叩いたのです。

母の〈姉さん〉ぶりはすごい迫力でした。

その後、いくら時代もあったとはいえ、一対八で人をリンチし重傷を負わせた加害者たちは学校を追われるようにやめていきました。

フィールドオブドリームス

中学から、高校に上がると野球部員は二百人近くに増えていました。入部した直後は、僕は中学時代と同じく、主にファーストを守る内野手でした。高校野球部と合同練習が始まった中学三年生の秋頃から〈どうせやるなら真剣にやろう〉と、決意しており、朝は四時に起きて自主練習をしていました。とにかく肩を強くしなくてはと遠投をやったり、足腰も鍛えようと走り込みもしていました。

野球部では、コーチと監督が定期的に一軍、二軍、三軍とチームを振り分け、対抗試合をさせ、ポジションやスタメンを決めていました。二軍、三軍の選手は一軍入りを目指し、一軍の選手は、二軍、三軍に転落しないように切磋琢磨していました。もちろん一年生であり、ずば抜けた才能があったわけでもない僕は、三軍から始まったわけですが、一年生の終わりに突然、三軍先発投手の名前に〝大崎丈二〟と書かれていたので、びっくりしてしまいました。

友人も「これ間違いじゃないか？」と言うし、自分自身も〈なんで俺がピッチャーなんだ？〉

と思い、コーチに「僕がピッチャーでいいんですか？」と聞くとコーチは、「いいんだ。松田監督は、お前が黙々と自主練を続けている姿を、しっかり見ているぞ！」と言ってくれました。

僕は、その言葉が嬉しくて、がむしゃらに投げました。確か、五、六人に投げたと思うのですが、そこで三人を三振に討ち取ることができたのです。これ以後僕のポジションはピッチャーとなり、二軍、一軍と上って行くようになりました。


三年生が夏の大会で引退し、秋の大会が始まりました。この試合は春の選抜甲子園の出場を左右する大切な試合です。ところが明徳はこの大会の二回戦でその年の優勝校である丸亀商業高校に敗れてしまいました。春の選抜高校野球の夢もこれでついえたかと思われたのですが、後に聞いたところによると、四校の出場枠のうち最後の一校に公式戦四〇勝二敗という抜群の成績を収めたことが評価され、明徳高校が滑り込んだのです。

春の甲子園出場のニュースを監督から発表された際には、マスコミも押しかけ「悲願達成」のニュースに沸きたちました。僕は、ベンチ入りはかなわなかったのですが、自分たちの代で甲子園出場が果たせたことで、やっと先輩方の恩に報えたような気がしました。

実は明徳高校の甲子園初出場の恩恵に預かれたことには複雑な思いがあります。当時はもちろんチームメイトとして純粋に嬉しかったのですが、僕は、常にレギュラーとして活躍できる

◉高校一年生の頃。野球に真剣に打ち込み始めた。

ほどの実力はありませんでしたし、かといって背番号が貰えないほど実力不足だったわけでもない、実に中途半端な選手だったのです。そのことは誰よりも自分が一番よくわかっていました。

ところが、芸能界に入ってそこそこ名前が知られ、「明徳義塾の野球部だった」と言うと、相手が「すごいじゃないですか！」とびっくりするのです。「いつの時代ですか?」と聞かれ、「荒木大輔と同い年で」と答えると、これまた「すごい！」となります。

でも僕はとてもじゃないけど、甲子園にベンチ入りして活躍した人たちほどの実力ではなかったので、なんとも面映ゆい思いをしました。その後、明徳義塾が常勝校となればなるほど、その傾向は強くなり、芸能界にいると現役のプロ野球選手が「先輩！」などと声をかけてくれるので、ますます恥ずかしくなり、自分からはあまり「明徳野球部」とは言いたくない気持ちがあります。

とはいえ一九八二年（昭和五十七）の春の甲子園では、僕は応援団長の一人として一生懸命応援しました。応援団長には友人たちが「丈二やれよ！」「丈二しかいない！」と推挙され、ありがたく引き受けさせてもらいました。僕の、応援団長姿は、甲子園雑誌にも取り上げられ、同級生からひやかされたのも今となっては良い思い出です。

第五十四回選抜高等学校野球大会で明徳高校は、初戦は滋賀県立瀬田工業高校に11対0の大差で勝利したものの、二回戦で、名門箕島高校に延長一四回でサヨナラ負けを喫しました。

この試合は、高校野球の中でも名勝負の一つと言われています。試合後、名将と謳われ七十六歳の最年長監督であった松田監督は「武蔵は負けた……」との言葉を残し「夏は、もっと強いチームを率いてくる」とマスコミに宣言しました。

監督の想いを胸に、明徳は夏の甲子園出場をかけて県大会に臨みました。この最後の年の県大会では、僕も左ピッチャーとしてベンチ入りを果たしましたが、優勝戦で高知商業高校に敗れ、春夏連続出場の夢は破れ、僕の野球生活も終わりました。

母との絆

野球部は高校生になると一年で帰省が認められるのはわずか五日程度でした。ですから、遠方から来ている生徒は高校生活の間、一度も帰省しなかった人もいます。ただし、父兄が学校に会いに来ることは自由で、学校内には父兄のための宿泊施設もありました。

特に野球部の親御さんたちは熱心な人が多く、大会前の週末などに、野球部員の父兄たちが集まって料理を作り、それを僕らに食べさせてくれる、いわゆる〝差し入れ〟が行われていました。

明徳高校野球部が初出場を決めていた〝春の選抜〟の前、僕が高校二年生の三学期だった時だと記憶しているのですが、野球部員に栄養を付けてもらおうと催された父兄たちの〝差し入れ〟に、僕の母の姿があったのです。

それまで、母親として催しはおろか保護者会にも参加したことなど一度たりともありませんでした。一緒にマンション暮らしをしていた小学校時代の父兄参観にも、母はまったく参加する気がありませんでした。最初は、学校からもらったお知らせを母に渡していたのですが、〈どうせ、来ないだろうな〉と、お知らせのプリントを見せることすらやめてしまったのです。

母はいつも着物だったというのが、僕が抱いているイメージでしたが、そのときの母は、家のなかですら見たことがない上下共にジャージという、本当にカジュアルな服装だったのです。ジャージの上に割烹着を着た母は、嬉々とした様子で、父兄たちによるカレー作りを手伝っていました。

そんな地味な格好をしていても、高知の〈姉さん〉である母は、ほかのお母さん方とはまったく違う独特のオーラを放っていたようで、

「おい、おい、あそこに初めて見るどえらく綺麗な人。いったい誰のお袋さんなんだろう!?」

血気盛んな野球部員たちが、母の方を見ながら、囁き合っていました。

◉第五十四回選抜高校野球大会に、明徳義塾が初出場を果たした。ベンチ入りからもれスタンドで応援を。

見ると自分の母親だったので、僕がいちばん驚いてしまいました。

僕自身は、寮で相部屋の連中や野球部の仲間たちに対して、自分の生い立ちや父親が中井組長で、母がその愛人であることなどを、はっきりと話したことはありませんでした。ただし、明徳の先生たちは、僕の家庭の事情は知っていたはずですから、彼らの耳にも入っていたのかもしれません。

とはいえ、野球部の仲間たちが、僕の母を色眼鏡で見ているような様子は、微塵もありませんでした。母も、元々が若い衆の扱いは慣れたものでしょうし、フレンドリーな態度で彼らに接し、父兄たちと野球部員たちが一緒に、差し入れのカレーライスを食べる頃には、すっかり人気者になっていました。

その後も何度か母は、父兄たちから野球部員に対して行う〝差し入れ〟に参加していました。美人で、気風が良い母は、仲間たちから本名の「陽子《ようこ》ちゃん」と親しみを込めて呼ばれ、ある種アイドル的な存在となっていました。

母は他の保護者がいないと「ちゃんと卒業できたら、私がみんなに〝ソープ〟を奢ってあげるから」と、保護者にはあるまじき約束をして、悪友たちから、「丈二のお袋さんは器が大きい」と大いに喜ばれていたのです。

◉高校三年生の夏の県大会が終わり野球部を引退すると、
真剣に進路を考え始めた。

明徳高校の寮まで来るときはもちろん、かつてのような、若い衆が運転する、黒い大きな車に乗って来るわけではなく、いわゆる〝エコノミーカー〟（大衆車）であるホンダ社製シビックを自分で運転して来ていました。

「おかぁ、免許持ってたっけ？」

と僕が尋ねると、「丈二に会いに来るために、免許取ったんよ」

と、嬉しそうに言っていました。

高知市内の母のマンションから、明徳高校の寮までは、車なら四十、五十分といった距離なのですが、運転に慣れていない、道もよく知らない母は、当初、二時間以上かけて、やっと寮まで辿り着いていたそうです。

高校三年生の夏の県大会が終わり野球部を引退すると、両親に感謝する会が野球部員と父兄の間で開かれました。

みんな、親に感謝の手紙を読んだり、漫才などの出し物をする人もいるのですが、僕は気恥ずかしくて仕方ないので、さだまさしさんの『無縁坂』を歌いました。母は喜んでいたのかわかりませんが、ニコニコしながら僕の歌を聞いていました。

その後、三日間の帰省があり、珍しく母が、僕に手料理の肉じゃがをふるまってくれました。

そして食べ終わると、「この前、野球部の〝感謝の会〟があったときに、丈二、さだまさし

◉母は大学進学を勧めたが、生活は苦しくなっていった。写真ぎらいだった母の唯一の一葉。

の〝無縁坂〟を歌ってくれたでしょ。それカセットに録っておきたいから、ここで、もう一度歌ってよ」というのです。

僕は、母と二人っきりでしかもアカペラで歌うなんて、恥ずかしくて「絶対イヤじゃ〜」と断りましたが、母は珍しく執拗に「お願いやき、歌ってや」と繰り返すのです。

僕が仕方なく了承すると、母は普段、自分で使っているカセットデッキを持ってきて、僕に向かい合図を送ります。

「さあ、録るでぇ、1、2、3、ハイ」

「待って、待って、待ってくれ、まだ準備出来てないき」

「ハイ、ハイ、恥ずかしがらんと、男やったら、思い切り歌いなさい」

僕も恥ずかしさを捨て去り、歌い出したのですが、慣れないアカペラですし、キーがまったく合わなかったのです。

母は、そんな僕の様子を見て、ゲラゲラ笑っています。僕も、なんだか可笑しくなってしまい、母と一緒に爆笑してしまいました。

正直なところ、母と僕が一緒にいるときに、こんなに笑ったことは初めてでした。

その後、やはり音程が狂っていたり、歌詞を忘れたりといった失敗が、何度が続いた末、やっと『無縁坂』を歌い終わりました。僕が歌っているとき、母の方を見ると、そっと涙を拭いている姿が日に入ってきました。

僕が歌う『無縁坂』を録音した翌日には、母と一緒に、高知市内のデパートへ買い物に行きました。小学生の頃、母と買いものに出かけるときは、たいてい若い衆も付き添っていましたから、母と二人だけでショッピングというのは、ひょっとしたら初めての経験だったのかもしれません。

二人で街中を歩いていると、母が「丈二、腕組んでもいい？」と言ってきました。

「何や、いきなり。気持ち悪いわ」と僕は断りましたが、それでも母は腕をからませてきて、とても楽しそうでした。

今、振り返ってみても、あの三日間が唯一の親子らしい思い出でした。

「ねえ、丈二……わたし綺麗かな？」

それは、一九八二年（昭和五十七）八月二十四日火曜日の出来事でした。

この日の高知地方は、朝からの曇り空で、少量の雨も降る、一日中どんよりとした天気でした。最高気温は26・2度と、夏場としては、決して高くはなかったのですが、あまり風のない、じめじめと蒸し暑い日でした。

母が「どうしても話があるから」と突然訪ねてきたのです。僕は母が運転してきた車に乗り込みました。

僕が助手席に座ると母は突然〈卒業後の進路を今決めて欲しい〉と切り出しました。三年生とはいえ〈進路に関して決断を下すのは、まだまだ先だ〉と考えていたので、

「どうした、おかぁ、結論出すのは早いき」

と言ったのですが、母は「いや、今決めて欲しい」と譲りません。

そこで「オレの進路なんてもう決まってるんやろ?」と、言い返しました。

母がわざわざこう言うということはいよいよ僕は「中井組の後継ぎになれ」と言われるのだろうと推測していました。その思いを母に伝えたのです。

ところが、母の言葉は、意外なものでした。

「イカン! 任侠の世界だけは、絶対イカン!」ときっぱり言うのです。

僕は、この答えには心底驚きました。

「ほいたら、おかぁは俺にどうして欲しいがな?」と思わず聞きました。すると母は、

「せっかく推薦入学の話も来ちゅうし、大学に行って野球をやったら?」と言うのです。確かに当時、僕にも野球の強い大学から推薦入学の話が来ていたのです。

でも僕はその頃母の持ち物が、〈なんだか質素になったな〉と感じていました。ワニ革のバ

ッグにせよ、煌びやかな宝石にせよ、いかにも高価そうなものを、母はたくさん持っていたはずですが、帰省するとそういうものが見当たらなくなっていて、どことなく、部屋全体が殺風景に映ったのです。

「なあ、おかぁ、俺は知ってるぞ、近頃、金に困ってるんじゃないのか、この前家に帰ったら、おかあのバッグとか宝石がなくなってる気がして……。本当は苦しいなら俺大学行かんと就職するき」と答えました。すると母はホッとしたような顔でうなずき

「……本当にそれでいいの？」と聞きました。

僕は「おぉ」と簡単に返事をし、「もう消灯時間になるから行くな！」と言って、外に出て車のドアを閉めようとしました。

するとその瞬間、

「ねえ、丈二……わたし綺麗かな？」

と聞いてきました。僕は、ちょっと呆れて

「実の息子に向かって、何、言うがな！　アホか！　気持ち悪いこと言うなや。ほな俺、行くからな！」

と言ってドアを閉めました。

するとフロントガラスから見えた母の顔は……泣きながら笑っていました。

それが母を見た最後の姿となりました。その二時間後、母は亡くなりました。自殺でした。

そして僕は、あの時なぜ、「お袋、綺麗やぞ」と言ってやらなかったのか、生涯後悔することになりました。今でもその後悔は消えていません。あの時、母に何があったのか、僕に何を伝えたかったのか、それを知ることは二度とできません。

謎めいた母のあの泣き笑いを思いだすと、どうしても僕は、無念で後悔でいっぱいになって「お袋、ごめんな」と自分を責めてしまいます。

母の自殺と通夜の父

寮に戻ってしばらくすると、寮監を務める先生が入ってきて、「大崎、ちょっと」と、いつもとは違う重く、暗い声で、僕を呼び出したのです。

「寮からの帰りに、お母さんが交通事故を起こしたみたいだ。多分、大したことないと思うが、すぐに病院に行くぞ！」と言うのです。

別れ際の母の様子が気になっていた僕は、嫌な胸騒ぎを覚えました。

すぐに先生の車で病院に向かいました。この時、不思議なことが起こりました。車に乗っていた僕の前に母の顔が浮かび、「丈二、ごめん。丈二ごめん」と言っているのです。僕は、ますます不安になり、先生に「先生、お袋大丈夫なんか？　あかんのやないか？」と聞きました。けれども先生はもごもごしたまま、はっきり返事をしてくれないのです。僕は、不安を強め、「先生急いでくれや！」と、言いました。

病院に着くと、すでに祖母や、親戚の姿がありました。祖母の沈んだ顔を見た瞬間、僕は〈やはりダメだったのか〉と、悪い予感が適中してしまったことを悟りました。病室に入ると、もう母は息を引き取っていて、その顔は、白い布に覆われていました。

僕は、正直呆然としていて、現実感がまったくありませんでした。ほんの少し前に会ったばかりなのに、母が亡くなったとは、どうしても受け入れられませんでした。

しばらくして病室から出ると、事故の第一発見者である、救急車を呼んでくれたトラックの運転手さんがいました。

「実は、私がお母さんのところへ駆け付けたときには、まだ息があったんです。それで、〝お願いです。私のことは、このまま放っておいて。息子に、ごめんねと伝えて〟と言われて……」

母は、トンネルの入り口に自ら激突したように見えたそうです。

その後、母の生命保険証書が見つかり、母が亡くなった日は保険の失効日の二日前だったと知りました。


母親の葬式が執り行われた日、高知県地方には、台風が接近していました。

母はリビングに寝かされていて、僕は、自分の部屋にいとこたちといました。すると急にざわざわとリビングの方が騒がしくなりました。慌てて行ってみると、そこにいたのは父でした。

父と祖母は正座で対面していました。祖母はひたすら「とにかく帰ってもらえませんか」と言い、父はそれを、うつむき加減で聞いていました。僕は、見てはいけないものを見てしまった気がして後ずさりしながら、また部屋に戻りました。しばらくすると、叔母が僕らに、「先に下に降りていなさい」と言うので、マンションの一階で待っていると、突然「きゃー！」と大声が聞こえ、なんと父が母の遺体を抱きかかえて降りて来たのです。

今思うと、いくら小柄な母とはいえ、死後硬直した身体をどうやって抱きかかえていたのかわかりませんが、父がそのまま外に出て行くと、台風が来ているにもかかわらず、黒いスーツを着た男たちがズラーッと立ち並んでいました。

母を抱えて外に出た父は、男たちが作る隊列の中を車の方に向かって歩いていきます。父が苦労して母の遺骸を助手席に乗せると僕のところに来て、

「ちょっと、お母さんとドライブしてくるな」と言って車に戻っていきました。父の目には涙が光っていました。

若い衆は乗せず、父は自分で車を運転して走り去っていきました。父の所業に唖然としながらも、その背中を見て僕は「かっこいい」と思いました。父は、その後母を抱きかかえ、直接火葬場に現れました。


あの頃、父と母の間に何があったのかは、真相は全く分かりません。けれども恐らく、母の死の少し前から別れ話があったのだと思います。それは、ただ単に感情のもつれだったのかもしれませんし、父の稼業の状況によるものかもしれません。

当時、日本で最も大きな組織の内部分裂が持ちあがり、大抗争の火ぶたが切って落とされていました。父は、有名な組長だったので、愛する女たちを守ろうとして別れを告げたのかもしれません。実際、別の組では、組織とは何の関係もない、カタギであった組長の息子が殺されるという事件が起きていました。僕も危険だということで、一時的に安全な場所にかくまわれていたこともありました。

どのような理由であれ、四十二歳になっていた母には、今さら〈姉さん〉以外で生きて行く術を見つけられなかったのだと思います。

母の死後、いくらかの保険金が入ったようでした。すると突然親類の叔父や叔母たちから、「あんたのお母さんにお金を貸していたから、この保険金から返してもらうな」と言われ保険金は、どんどん叔父や叔母の手に渡って行きました。僕は、当時叔父や叔母からそう言われれば、訳もわからず「お袋が、迷惑かけてごめんね」と叔父や叔母にあやまり、管理はすべてお任せするしかありませんでした。

さらに、何をやっていた人だったのかわからないのですが、当時ボロボロの家に住んでいた母の姉一家が、行き場を失った僕と暮らすことになり、この保険金で一戸建てを買うことになりました。

家の名義は僕にしてくれたものの、一家の生活費は母の保険金から支払われることになりました。

そして、わずかばかり残った母の形見である、着物や宝石やバッグなどは、全て形見分けとして叔父や叔母の手で分けられ、僕の手元には、母の形見は何も残りませんでした。

かなりあとになって、アドバイスをしてくれる人がいて、叔母の家を代の変わった息子に買い取ってもらい、通帳も返してもらうことができましたが、この頃から僕は段々人間不信になっていきました。

実の父が他にいたことの衝撃

　葬式が終わった数日後、何のためだったのか、よくわからないのですが、祖母と一緒に高知市役所に出向きました。

　そこで生まれて初めて、僕は戸籍謄本を見ることになったのですが、大崎陽子の息子である大崎丈二の父親欄には、中井の父とは別人の、それまでに聞いたこともなかった人の名前が記されていたのです。

　そのときに受けた衝撃は、忘れられません。

「ばあちゃん、これはいったいどういうことなんや!!」

　思わず僕は、祖母に向かって大声をあげてしまいました。

　祖母は慌てふためきながら、「丈二、いままで黙っていて悪かったね」と僕に謝ったのです。そして「この人が、丈二の本当のお父さんなんだよ」とその戸籍に書いてある父親の欄を指さしました。もちろん、祖母に謝られても僕の動揺は収まりません。僕にとって極めて重要な事実を、いままで隠してきた祖母にも、腹が立ちました。そして僕は祖母に、

「俺の本当の父親という人に、会わせてくれ！　ばあちゃんが、その人の居所を知っているな

ら、俺に教えて欲しい！」と僕は訴えました。

結局、高校卒業後、僕は、祖母と一緒に父親がいる徳島へ向かうことになります。そして、徳島市内の一角に建つ家の前で祖母は立ち止まり、

「ここが丈二のお父さんの家だよ」

と、周囲からも一際目立つ豪邸を指さしたのです。

庭には大きな犬小屋があり、そのなかには、精悍なおそらくドーベルマンと思われる大型犬が三匹も飼われていました。

ちょうどそのとき、家のなかから初老の男の人と、その息子さんらしい人が庭に出てきて、犬たちの世話をし始めました。そんな光景を遠目にしながら、僕はいきり立っていた気持ちが、急に冷めてくるのを感じました。

〈この場であの人の前に立ち、〝あなたの息子です。つい先日、お袋が亡くなりました〟と言うことに、何の意味もないんだよな〉

そう思った僕は、祖母に声をかけました。

「もう俺、気が済んだわ。このまま高知に帰ろうや」といいました。

帰りの電車のなかで、祖母は、母とあの男の人は結婚していたわけではなく、やはり愛人だ

ったこと、本当の父親も徳島では有名な親分であったことなどを話してくれました。

母の自殺、そして父親だと思っていた人が父ではなかった。そして本当の父親は徳島の豪邸に住み、幸せそうに暮らしていた……〈俺が、叔父の家で肩身の狭い暮らしをしていた頃、父親は何をしていたのだろう？〉〈俺だけが、何も知らされなかった〉〈俺のこと親たちはどう思っていたのだろう〉あまりに辛い体験が続き、自分が誰にも大切にされていない気がして、僕の心は壊れていきました。


先日、古い写真などを引っ張り出していたところ、高校の卒業文集が出て来ました。何気なくページをめくると「十年後の自分」というコーナーがあり、一人一人が自分の未来を予想して一言メッセージを書いていました。十八歳の他愛無い夢ですから、みんな「バリバリのセールスマンになっているだろう！」とか、「イギリスで歌手になっている」「学校の先生」など、好きなことが書いてありました。

僕は、何を書いたんだろう？　と見ると、

「嫁さんと二人で小さなブティックを開いて、子供が二人いて、上が女の子で愛ちゃん、下の男の子が翔ちゃん。そんでパパなんて呼ばれてさ。愛ちゃんなんか、おはようとおやすみのキスしてくれるんだ。しあわせいっぱいの家族です。ハイ」

と書いてありました。

血気盛んな、でかい図体の十八歳の男子高校生が、それほどまで家族を求めていたのかと、当時の自分が不憫で、思わず涙がこぼれました。普通の人たちが、普通に与えられているものが、あの時の僕にはどうしても手に入れられないものだったのです。望めば、望むほど結果は離れていく一方でした。自分は何かに罰せられているかのように感じていました。

やっと今「ようがんばったな、丈二」と、小さな丈二に声をかけてやることができました。

喧嘩の日々

明徳高校卒業後、僕はアパレル店員になり、高知の大丸デパートが職場になりました。

そしてこの頃から僕は狂ったように遊び、喧嘩に明け暮れる毎日となりました。

高校時代は三年間一人の彼女と付き合っていましたが、卒業後は本命の彼女がいても、何人もの女の子と遊ぶようになりました。一九八三年当時、東京ではすっかり廃《すた》れていた暴走族も高知ではまだまだ健在で、バイクを乗り回し、特定の族には入りませんでしたが、一匹狼であらゆる暴走族の集会に参加し、色んなワル仲間と繋がっていきました。他にはＤｉｓｃｏでオールしてナンパしたり、酒もカッコつけて浴びるほど飲みました。

とにかく一瞬でも立ち止まっていると、辛くて、苦しくて狂ってしまいそうでした。

僕は、完全なる遅咲きで、高校卒業後から本格的にヤンキー化したのです。明徳時代も真面目ではありませんでしたが、所詮は山奥の学校の、野球部の坊主頭ですから、ヤンキーと言っても可愛いものですし、それほどグレているヒマもありません。しかし高校卒業後の社会人生活は全ての足かせがはじけてしまい、とてもまともな暮らしではありませんでした。

とにかく街を歩けば、喧嘩・喧嘩・喧嘩。

喧嘩で憂さを晴らす方法しか当時の僕には思いつかなかったのです。それこそ目が合ったから喧嘩。肩がぶつかったから喧嘩。しかも当時の高知の街には、同じような人間がゴロゴロいて、喧嘩の相手には事欠かなかったのです。

そして不思議なことに思いっきり喧嘩をした後は、その喧嘩相手となぜか仲良くなってしまい、僕は、高知の街でどんどん仲間を増やしていき、「丈二」と言えばそこそこ名前が知られるようになったのです。

忘れられない出会いもあります。

当時「夜走狂（暴走族のチームの名前）の半谷」と呼ばれている、腕っ節の強さで名前を轟かせている男がいました。僕はまだ会ったことがありませんでしたが、もちろんその名前は度々耳にしていました。ある日、僕が喧嘩で骨折し、病院にいるとカーテン越しに「半谷」という名前が呼ばれているのが聞こえました。向こうもこちらの存在に気がついたのでしょう。看護婦さんがいなくなると、ほぼ同時にカーテンを開け「お前が半谷か！」と僕が凄み、向こうも「てめえが丈二か！」と、全く理由もなく、しかもお互いギプスをはめている状態で、取っ組み合いの喧嘩になったのです。騒ぎを聞きつけた看護婦さんたちが走り寄り、喧嘩を仲裁してくれましたが、この大喧嘩をきっかけに入院中に半谷と大親友になったのです。今でも、高知に帰ればかけがえのない友人です。

もう一人は「工業の西」と呼ばれる先輩で、西さんのことは高知の不良で知らない人はいないという、腕っ節も強く、族をまとめる有名人でした。なんと西さんは、昼間は同じ大丸のアパレルメーカーに勤めていて、常に売上№１で表彰されていたのです。僕が、名をあげていくうちに西さんとも知り合ったのですが、西さんが何故そんなに売り上げがよいかと言えば、高知中の不良が、洋服を買う時は必ず西さんの店で買っていたからだったのです。その昼と夜の顔の違いに僕はぶっ飛んでしまいました。西さんにも特別に可愛がってもらい、今でもお世話になっています。

この西さんと、半谷を僕がひき合わせ、僕らのグループはますます大きくなり、僕は喧嘩でさらに大忙しになっていきました。当時、市内の中心地に住んでいる彼女がいたのですが、彼女とゆっくりしている暇などないくらい喧嘩をしていました。

敵対しているグループと誰かが揉めているとなると、仲間がこの彼女のところに「丈二いる？」と尋ねてきて、「今どこどこで、○○がやられているから来て！」と連絡が入り、喧嘩の助っ人に飛び出すということをやっていました。どこかで喧嘩が起きると、味方のグループの誰かが助っ人に駆けつけるというのが当時の掟のようなものでしたが、僕は、喧嘩が始まると、もう敵も味方もなく大暴れをするので、「丈二を怒らすと危ない」と評判になっていきました。

喧嘩では、一度だけ中井の父にＳＯＳを出してしまうほどの事件もありました。

ある日仕事が終わり、バイクに乗って女の子の家に行こうとしていたら、マークⅡ（一九六八年に初代が発売され、一九八〇年代前半にも大きな人気を博していたトヨタの高級車）が、僕のバイクの後ろにピッタリと付けてきたのです。近年問題になった〝あおり運転〟みたいなものですが、突然マークⅡがバイクの横に引っ付いてきて、僕は身動きが取れなくなってしまったのです。

男が二人降りてきて僕のバイクを蹴飛ばし、因縁をつけてきたので、早く女の子のところに行きたい僕は、うっとうしくなり一発パンチをお見舞いしたのです。するとその男たちは完璧に見かけ倒しで、めちゃくちゃ喧嘩が弱く、あっと言う間に打ち負かしてしまいました。

その男たちは捨て台詞的に、

「どこの組のチンピラか知らんが、わしら、組のものや。これで済むと思うなよ」

と言ってきたのです。彼らがあげた組の名前は、中井組とは敵対している組織でした。僕としては、中井組の名前を出すわけにはいかないので、

「ワシは大丸の大崎いうもんじゃ。文句があったら、いつでもデパートまで来いや！」

と、売り言葉に買い言葉で、余計なことを言ってしまったのです。

翌日、その二人を含む八人ほどが、本当に大丸デパートにやって来たのです。前日にやり合った男たちは、いかにも取って付けたようなギプスをしていました。要するに、治療代を要求しようとする、不良やチンピラたちの常套手段です。しかし、こちらは職場ですから、いきなり暴れるわけにもいきません。すると男たちは、僕の服飾売り場商品を放り投げ暴れ出したのです。仕方なく、この時ばかりは中井の父の直通電話にかけると。電話に出たのは若頭で、僕は現在の状況を、簡単に説明しました。すると、

「すぐいきますき、ちょっとだけ待っててください、〝ぼん〟」と言い、本当に若頭を筆頭に、中井組の若い衆が二十人ほどやって来て、アッという間に、男たちを連れ去っていきました。

そしてその後、父が気を使ったのか？　大量の寿司が大丸に届けられ、僕が中井啓一の息子であると、職場でも知れ渡ってしまったのです。

心の傷を抱え上京

僕は、自分が中井啓一の息子だと言うことは、自分から言ったことはないですが、周囲の人たちは皆、知っていたようです。高校を卒業してからの喧嘩人生では、味方の友人たちに面と向かって聞かれたことはないですが、みな薄々は評判を聞いていたと思います。

逆に「お前、中井の息子なんやてな！」と喧嘩を吹っ掛けられたこともありました。

中井組の若い衆には「ぼん」と呼ばれ大切にされ、若頭からも「やがては親父の後を継ぐんだから、野球で怪我をしないように」と言われたりもしていました。と言うのも、中井の父の本妻さんには娘さんしか子供がいなかったのです。

この「中井の息子」というラベリングに僕は、どんどん苦しめられていきました。

これが誰も知らないような、チンピラの息子だったら話はまた違ったと思います。

しかし中井の父は、変な話ですがとんでもない大物なのです。僕が高校を卒業した翌年、よりによって日本中が注目している抗争事件の組織の最高顧問に就任してしまいました。

僕は、高校を卒業すると「中井の息子」ということで、良くも悪くも特別扱いされていることに嫌でも気づかされていきます。ある人たちにとっては「憎しみのアイコン」であり、ある人たちにとっては「憧れのブランド」でもあるのです。自分にはどうにもできない親の事情で、とんでもなく悪目立ちする状況になり、しかもそれは真実ではないのです。

今さら、「息子ではありません」とわかったら、世間は僕にどんな態度をとるのだろう？　憎んでいた人たちは、ますます蔑まれ、憧れていた人たちには、貶められるだろう。そう思うと今さらどの面下げて、といたたまれない気持ちでいっぱいになりました。

しかも僕にはどうにもできなかったことから生じた誤解なのです。

〈母も、祖母も、中井の父も、徳島の父も、誰も俺の気持ちなんか考えてくれていない！〉と、苦しくて、どんどん僕は刺激を求め、暴れまわり、遊び回るようになりました。

この苦しかった時代の唯一の救いは、西さんや半谷たちとバカな話をしたり、女の子をナンパしたり、バイクで走り回ることでした。よくみんなで「何か一つ、名を残すようなことやりたいよな！」と、遅咲きの中二病のようなことを熱く語り合ったりしました。この時間が、唯一僕が希望や夢をほんの少しだけもてる時間だったのです。

とにかく若かったので、大丸で働くだけでなく、夜は当時流行っていたカフェバーのようなところでも働いていました。それは「原宿伊達男倶楽部《ハラジュクダンディークラブ》」という今思えば田舎者丸出しの店名だったのですが、その頃は高知ではおしゃれで、しかも自分で言うのは実にいやらしいのですが、カッコよくてイケてる男の子たちがいるということで有名になったのです。高知新聞にも「夜の街の怪奇現象」としてお店に入りきれない女の子たちが階段に行列をなす姿が取り上げられたくらいでした。

傍目から見たら、有名な組長の息子で、腕っ節も強く、正直女の子にもモテたし、何不自由ない「強い男」に見えたはずです。でも、僕の心は、不安で、孤独で、怯えていて、誰にも弱音が吐けなくて、苦しみ抜いていていました。

そんな、大騒ぎでしっちゃかめっちゃかの毎日を過ごしていた頃、僕は人生を変える一冊に出会います。それは大好きな矢沢永吉さんの『成り上がり』です。

五十五歳以上の当時やんちゃをしていた人なら、誰もが読んだであろうこの本で、僕は「そうだ！　永ちゃんのいた横浜へ行こう」と決意しました。〈狭い高知を出て、俺のことを誰も知らない街でやり直すんだ！〉それがこの苦しみから逃れられる唯一の救いのような気がしました。

もちろん祖母にも横浜行きを相談すると、驚いてはいましたが、反対はされませんでした。旅立ちの前、祖母に言われて一緒に、桂浜にある故郷の英雄「坂本竜馬」の像にお参りに行きました。

「俺、横浜に行くわ」

友人たちに告げると、みな一様に驚いていました。けれども、すぐに祝福に変わり、「そうか〜！　頑張れよ」とか「横浜で一旗あげてこいよ！」などと言ってくれました。そこから三カ月の間で、必死になってお金を貯め、仕事の引き継ぎをしました。

大丸の方は、大騒ぎを起こし「中井の息子」ということで既に居づらくなっており、早々に退職しました。横浜行きを唯一嫌がったのは「原宿伊達男倶楽部」のオーナーです。あれだけ大繁盛していた店なので、それはそうだと思うので、僕はここで一計を案じ、イケメンで、腕っ節が強くて、女の子に人気のある親友の半谷をひっぱりこみ、僕の後釜に据えることで、退職に成功しました。半谷は今でも「真面目なサラリーマンだったのに丈二にはめられた」と言いますが、それをきっかけに半谷は飲食店で大成功をし、今では半谷が経営する55番街にある「案山子」という店は高知の人気店になっているので、「何言ってるんや！　今の成功は俺のお陰やないか！」と言い返すことにしています。

当時、僕が「横浜行って、ベンツに乗って帰ってくる！」と吹聴すると、友人たちは「ベンツ？　家が買えるでー」なんて驚いたり、中にはクラウンこそ最高級車と信じているヤンキーは「なんやベンツってー？」なんて言う奴もいました。ただ誰も、僕がベンツに乗って帰って来るわけがないと信じていたので、よく「ホラ吹き、丈二」と言われていました。

●成人式の日、親戚の家で記念写真を。「成り上がる」ことだけを夢みていた。

ずっと後のことになりますが、僕が、ベンツに乗って故郷に帰った時は「丈二が、ホンマにやりよった！」と、みな驚きながらも喜んでくれました。

いよいよ横浜に向かう日、必死にお金を貯めましたが、なんだかんだと準備でお金がかかり、結局、所持金は六万円。飛行機はあきらめフェリーで故郷を後にすることになりました。フェリー乗り場にも、西さんや、半谷ら三十人くらいの親しい友人が見送りに来てくれて「丈二、浦戸大橋のところに来たら橋を見い！」と言われました。

仲間たちに別れを告げ、フェリーに乗ってしばらくすると、浦戸大橋に差し掛かったので僕は甲板に出て橋を眺めました。すると橋いっぱいに何十台もの車とバイクが並び、ヘッドライトを照らしながら、ホーンを一斉に鳴らし、新しい僕の出発を祝ってくれたのです。

仲間たちの心使いが嬉しくて、生まれて初めて僕を応援し、大事に思ってくれる人たちと出会えたと、甲板の上で号泣しました。中井の父には何も告げず高知をあとにしました。

気がつくと僕は二十歳になっていました。

その後、中井の父は、僕が東京に出た四年後に、組関係から足を洗い、その三年後に癌で亡くなりました。享年六十七歳でした。

第四章

東京ドリーム

成り上がる

なんでもやってやろう！

高知からフェリーに乗って、横浜を目指したのですが、到着したのは東京の晴海ふ頭でした。東京についてしまうと、横浜にどう行ったらよいのかわからず、とりあえず有名な原宿に行ってみることにしました。

所持金が六万円だけしかなかったので、代々木公園で野宿をして、昼間は、原宿の街をブラブラしていました。当時の原宿駅にはテント村と呼ばれる、テントを張って物品販売をしている業者が三十くらい並んでいました。竹下通りは人が多すぎてついていけなかった僕は、そのテント村を毎日、毎日ぶらぶらしていました。

するとあまりに毎日、何も買いもしないのに来るからでしょうか、そのテント村を管理している事務局の方に声をかけられました。

「君、毎日来ているけど、何してるの？」と言われたので、僕は高知から上京したことを伝えました。すると「仕事とか決まっているのか？」と言われたので、「何にも決まっていなくて、どうしたら良いのかわからないんです」と正直に答えました。
そのおじさんも僕の無計画ぶりに、驚いたのか呆れたのか、おそらく同情してくれたのだと思いますが、「う〜ん、ちょっと待ってろ」と言って、テントを回り、アルバイト募集をしているところを探してきてくれました。そして「あそこのテントで、人を募集しているから行ってみろ」と言われ、「ありがとうございます」と答えて行くと、そこは主にプロレスグッズを扱うテントでした。身寄りもなく、住所すらない僕を、社長さんは即採用してくれ、おまけにテント村の裏手にあった会社の事務所に寝泊まりして良いと許可してくれました。今なら、有り得ないことだと思いますが、一九八四年（昭和五十九）の東京は、バブル直前でまだ牧歌的な要素が残っていました。

テント村では店番と、当時流行っていた針金を折り曲げてローマ字で名前を作って、ブローチやペンダントにしたものを売ったりしていました。時々、プロレスの興行の方で人手が足りないと、そちらの方にも出かけ、選手のタオルや巾着袋を販売していました。社長もおおらかな良い方で、比較的時給も良く、東京での新生活は幸先の良いものでした。

そのうちテント村の中に、友人ができるようになりました。すると何人かで共同生活をしている人たちがいて、僕もそこに転がり込ませてもらうことになりました。

そこは四畳半一間に男五人暮らし。家賃は一人六千円で一応ユニットバスがついていました。共同生活では面白いルールがあって、毎週初めにじゃんけんをして、一番勝った人が押し入れの上の段、負けた人が下の段、そして窓際から順に寝る場所を確保し、一番負けるとトイレの前の廊下に寝ることになりました。誰かの彼女が遊びに来ると、一人に五百円払い合計二千円で、二時間貸し切りにすることができました。

そこの住人たちは、僕とほぼ同世代で、テント村で稼ぎ節約生活を送りつつ、デザイナーになりたいとか、ニューヨークに行ってミュージシャンになりたいとか、演歌歌手になりたいとか、貧乏生活をしながら高いレッスン代を払い、それぞれ具体的な夢に向かって邁進していました。

それに対して僕だけが「成り上がって、金持ちになる！」と、中二病のままだったので、彼らから「成り上がって金持ちになろうって奴がこんなところにいるか！」「俺らはみんな具体的な夢があるんや！」と言われ、〈俺は何をやってるんだろう〉と自問自答するようになりました。

共同生活は、それなりに楽しかったのですが、具体的な夢に向かって努力している人たちと、何をすればよいのか右も左もわからない自分との差が惨めに思えてきて、僕はホームシックになりついに根をあげ高知に帰ってしまいました。

高知に戻ると、西さんや半谷ら仲間が大歓迎してくれました。「あかん、淋しくなってしもた」と僕が言うと、「丈二、お前三カ月もよう頑張ったやないか!」「帰ってきたらええで」と口々に言ってくれました。〈やっぱり俺には東京はあわん〉故郷の温かさに触れ、そう思いました。

その日、僕の歓迎会が終わると半谷が「丈二、お前泊るとこないやろ。俺ん家来いや」と言って、半谷の家に泊めてくれることになりました。

そして部屋に入るといきなり半谷に殴られたのです。そして、「丈二、俺らは田舎から出れない男や。俺らはお前に夢を託したんや。三カ月ぐらいで根あげんと、明日東京帰れや!」と檄を飛ばされました。そしてその後二人で泣いたのです。

朝、目が覚めると、すでに半谷の姿はなく、そこには僕よりも汚い字で、〈俺は、送らんぞ〉と書いてあり、交通費の足しにということなのでしょう、豚の貯金箱が置いてありました。半谷の気持ちがありがたく、僕は、そのまま東京に帰ることにしました。

半谷の自宅を出ると、そこには西さんが待っていました。

西さんは「空港まで送ったるき」と言い、車に乗せてくれました。半谷と西さんの連係プレーに僕は胸が熱くなる思いでした。いつもクールな西さんが、その時は、故郷の名物である「豚まん」と「都まん」をお土産に買ってきてくれ渡してくれました。
それ以来、僕が高知に帰ると必ず西さんは送迎してくれ、僕は必ず「豚まん」と「都まん」を食べて帰ることにしています。
飛行機の中で、豚の貯金箱を開けてみると、五円玉とか十円玉とか小銭しか入っていなくて、僕は大笑いしてしまいました。

その後、再びテント村でアパート暮らしをしていたのですが、そこに偶然東京の大学生になった明徳高校の後輩にばったり会うのです。聞けば烏山に一人暮らしをしているとのことで、僕は「頼む、お前んところにしばらく住まわせてくれ」と言うと、後輩も寮で共同生活には慣れているので「あぁ、いいっすよー」と実に気さくに了承してくれました。さすがに四畳半に五人暮らしはストレスが溜まり、何より高知から荷物も送れないので、やっとこれで少しマシな暮らしができるようになるとホッとしました。

それからまたしばらくすると、テント村の前で偶然高知出身の女の子と友達になりました。何度が、ご飯を食べたり、お茶を飲んだり、彼氏の恋愛相談にのってあげたりしていたのですが、聞けばその子は六本木のホステスさんだというので「俺も、部屋も借りたいし、金も貯めたいから、なんか夜の仕事でいいところないかな？」と聞くとホストクラブの皿洗いを紹介してくれました。

早速、そのホストクラブで皿洗いのバイトをしていると、ある日店の№2が体調を壊して休むと連絡が入りました。そこで、オーナーが僕に代わりにホールに出るようにいい、僕は、先輩からスーツを借りて、ホストとして手伝いに入りました。

田舎のカフェバーとはいえ「原宿伊達男倶楽部」で一応、接客を経験していたので、最低限のことはできたためかオーナーに気にいられ、「お前、明日から皿洗いじゃなくホストで出ろ」と言われ、ホストをやることになりました。

もともと接客は嫌いじゃないことから、あれよあれよと人気ホストになってしまい、そのお店の№1になりました。とはいっても、それほど大きなお店ではないので、最高にお給料を貰った時でも国産車一台分くらいでした。ホストというのは、スーツや持ち物にお金もかかるし、お客さんへのプレゼントや、後輩ができれば後輩らにご馳走したりと何かとお金がかかり、確かに大金ではありますが、苦労の割には、驚くほどの収入という気もしませんでした。

この頃、僕は渋谷のＤｉｓｃｏで薬物を覚えました。

昼間はテント村で働き、夜はホストクラブに出勤していたのですが、夜の仕事をするようになって交友関係がぐっと広がりました。ホストクラブの出勤時間は夜中だったので、それまでの時間をＤｉｓｃｏで遊ぶようになったのです。ホスト仲間の一人にＶＩＰルームに知り合いがいて顔見知りになったことから、それ以降ＶＩＰルームに通されるようになりました。そこには東京の有名企業の重役連中や、有名大学の学生、中小企業の社長たちが派手に遊んでいました。田舎から出てきた僕は、その全てがキラキラして見え、物腰や遊び方など全部が「かっこいい！　さすが東京は違う！」と、憧れるようになりました。そこに薬物が回ってきたのです。

僕は、本当は使ったことがなかったのですが、ダサい奴と思われたくなくて、見よう見まねで吸ってみました。正直その時は「なんだこれ？」という感じで、それほど快感も衝撃もなかったのです。

今、依存症の勉強をし始めて、学んだのですが、僕のような最初の薬物体験を「拍子抜けの体験」と呼びます。

日本では薬物の恐怖を、ことさら誇張することで防止しようとしているので「最初の一回でめくるめく快感が襲ってきてやめられなくなる」と教えられます。けれども実際はそんな人ばかりではなく、僕のように「それほどでもなかった」と言う人も多いのです。それが逆に「こんなものいつでもやめられる」という勘違いをおこし、依存症になってしまうのです。

正しい知識を啓発することの重要性を改めて感じています。


こうして僕は、東京の街で遊びを覚えていくのですが、引っ越し費用ができ、後輩のアパートから脱出したので、ホストクラブはおよそ半年で辞めてしまいました。

正直、ホストクラブは僕の性格に全くあわず、お客さんに「あっちのお客の方が長く座ってた」と文句を言われたり、男性ホストとは客をとった、とられたのいざこざがあり、それぞれの嫉妬渦巻く世界が実に面倒くさく、多少お金は稼げましたが未練は全然ありませんでした。

ホストクラブをやめたので、またホステスの友達に紹介してもらって、今度はショーパブで働くようになりました。僕は、サングラスをかけ舞台に登場し、館ひろしさんのものまねをやっていました。今思えば、全く似てなく、似ていたのはサングラスだけというお粗末さなのですが、お客さんはみな酔っ払っているせいか、それなりになんとかなりました。

テント村の仕事があったので、ショーパブは週三回ほどの勤務にし、給料は二十万円くらいだったと思います。それでも充分アパートの家賃が払えていけたので満足していました。

ある日、原宿のテント村で働いていると、今度は明徳高校の女の先輩にばったり会いました。

当時の日本は、デザイナーズブランド通称ＤＣブランドと呼ばれる、日本のデザイナーによる洋服が大流行していたのですが、先輩はこのＤＣブランドの一つで、佐藤孝信さんが手がける「アーストンボラージュ」のアシスタントデザイナーをやっているとのことでした。

そして先輩は突然「今度コレクションがあるから、丈二、モデルとして出ない？」と言いだしたのです。僕は、「いや、モデルなんかやったことないから無理です！」と焦って断りましたが、「いいじゃん、今、モデル探してるのよ！　丈二ならできるよ！」と言われ、結局やってみることにしました。

今なら、有り得ないと思うのですが、特に練習などもなく僕は当日会場に行って、言われた通りにステージで歩きました。良かったのか悪かったのかもわかりませんでしたが、佐藤孝信さんには気に入って頂けて、その後何回かショーに呼んで頂いたり、他のＤＣブランドからも声がかかったりしました。

もともと僕は洋服が好きなので、このショーですっかり洋服の魅力に目覚めてしまいました。テント村は夢を追う人のコミュニティ、夜の仕事は遊びのコミュニティ、けれどもこの昼間のファッション業界のショー体験は全く別の華やかさや、スタッフたちのプロ意識に安心感もありました。

この頃は、テント村とショーパブのダブルワークで疲れてもいたし、ここらでリセットするのもいいかな？　と思い、先輩に紹介してもらってアパレルメーカーに就職し、今度は新宿伊勢丹に勤務することになりました。二十二歳のことでした。

昼間の仕事一本になり、それまで時々Ｄｉｓｃｏに行くとまわってきた薬物を吸っていたのですが、すっかり縁が切れました。そもそも当時は、薬物に対してそれほどいいものだと全く思えず、ただ単にＶＩＰの仲間に入りたくてやっていただけでした。

実は、この「仲間はずれが怖い＝ピアプレッシャー」というのもよくある話で、これも薬物の予防教育では重要なファクターの一つなのです。

ＡＶ業界との出会い

伊勢丹の店員として勤務していると、ある日偶然テント村時代の友人と会いました。友人は「実は今、ＡＶプロダクションにいて、ＡＶ撮ってるんだよ。丈二、良い女の子がいたら紹介してくれよ。紹介手数料も払うからさ」と言われました。その時は、適当に聞き流していたのですが、ある日、知り合いの女の子に、「実家の親の借金で困っている。昼間の仕事にバレないように夜働ける良い仕事ないかな？」と言われました。そこで僕は友人の話を思いだし、

「この間AVの話があったけど……」と言うと、「でもそれ顔出しでしょ?」と聞くので、「じゃあ、今聞いてみようか?」と電話をかけてみると、顔出しなしでもOKとのことだったので、二人で面接に行ってみることになりました。

面接に行くと、顔出しNGでやってみることになり、彼女が実際に一本以上出演したら僕に紹介料として四十万円くれるというのです。当時一カ月の給料が二十五万円くらいでしたから驚きました。

その後も時々彼女に会って食事をしたりしていたのですが、あれだけ身バレを恐れていた彼女が、事務所と相談して顔出しで作品に出るようになったらギャラがあがり、今では、昼間の会社は辞めてしまったとのことでした。彼女の出演したAVは五十本くらいあったのではないでしょうか。当時は、AVでも本番など考えられない時代だったので、それも可能だったのかと思います。

そうなると彼女は芸能人と同じで、街を歩けばファンの男の子にしょっちゅう声をかけられるようになっていました。そのうちポルシェに乗ってきて、親も応援してくれていると聞き仰天してしまいました。その後、彼女は無事引退し、AVで貯めたお金で六本木の飲食店のオーナーになりました。

僕にとって、これもまた華の都東京のきらびやかなサクセスストーリーに見えました。今はどうなのかわかりませんが当時のAV業界は、組関係とか今でいう半グレ組織のようなものは一切関わっておらず、AVに対して警戒心も、モラル的な疑問もありませんでした。なんの知識も経験もない田舎者の僕は、組関係の仕事でなければ、全てまっとうな産業であり、父親の影がちらつかない場所で成功したいとそればかりを考えていました。

このAV女優になった友人の話を、時々知人に、ちょっと面白おかしく話していると、今度は逆に「実は、お金に困ってて、私もやりたいんだけど」とか「俺の知り合いの女の子が……」といった具合に、話が持ち込まれるようになったのです。そこで度々紹介をしていたのですが、僕は段々、「これ自分たちで女優のプロダクション作った方が、利益も上がるんじゃないか？」という気持ちになったのです。

そこで、高知の地元の友人で東京に出てきていたGに声をかけ、二人でプロダクションを立ち上げました。と、同時にアパレル会社を退職しました。

AVプロダクションは、女優がいなければ話になりません。まずは女の子をスカウトしよう！　と渋谷の街に繰り出しました。

当時というか現在でもそうだと思いますが、AV業界スカウトはそう簡単ではありません。渋谷でスカウト活動をしていたときには「実はAVに出る女優さんを探しているのだけど」

と切り出すと、「あたしを馬鹿にしているの！」、「舐めるんじゃないわよ」と怒鳴られることはしょっちゅうでした。

そこで、街なかでのスカウトは効率が悪いと思い、僕は、自分が経験した方式に戻ろうと思い、ホストクラブやショーパブ時代の友人・知人のツテをたどり、女の子を紹介してもらうことにしました。そしてＡＶに出てもいい、という女の子がいると契約し、ビデオ会社に売り込みに行きました。

僕らが、ＡＶプロダクションを立ち上げた二年程前には、「全裸監督」で有名になられた村西とおる監督が、大ヒット作を出していました。村西監督に起用された女優さんはそうした作品でスターダムにのし上がり、当時テレビ番組でひっぱりだこでした。

そのためタレント志望で、ＡＶで足がかりを作ろうという女の子もいて、ツテを広げていくと案外女の子が集まるようになってきました。

ただこの女の子集めのために、夜の繋がりの仲間と会うと、時々薬物が回ってくる時があり、ずっと止めていたクスリを、この時再び使っていました。

このツテを広げて女優発掘をしている頃に、僕はＡＶプロダクション運営のノウハウを教えてもらう重要なキーマンＦさんと出会います。このＦさんは、ＡＶ作品のタレント化に成功している人で、女の子をスカウトしてくるといきなりＡＶに出すのではなく、まずはブランド力のある雑誌に売り込むのです。当時はネットなどありませんでしたから、雑誌に力がありました。「週刊プレーボーイ」とか「デラべっぴん」など、有名雑誌のグラビアに載ると、女の子たちの価値がグッと上がり、ギャラも五十万とか百万円のアップに繋がるとのことでした。

きわもの、企画ものなど、様々な作風と売り方があるＡＶ業界で、僕は、このＦさんの正攻法？　と思えるアイドル路線が一番自分のやり方として、しっくり来たのでこのやり方を真似ることにしました。そしていずれはＡＶプロダクションから、タレントプロダクションに移行したいという願いもありました。

ここまで書いてきて、誤解を与えてはいけないと思うので一つだけ僕から伝えておきたい事があります。僕は、ＡＶ女優さんをリスペクトしているし、だからこそ最初の結婚ではＡＶ女優さんに妻になってもらいました。また、ＡＶ女優から売れっ子タレントを出したい！　とも思っていました。女の子の中には、タレントを目指してＡＶに入ってくる方もいるでしょう。実際、それで売れ出す女の子もいます。

ただ、今も昔も女の子を騙し、許可を得ていない行為をさせ、ロクにギャラも払わないという事務所もあります。製作費がどんどん下がっている現代では、その傾向がますますひどくなり、被害者団体や弁護団も結成されていると聞きます。甘い言葉に騙されぬよう、事務所の評判を調べたり、契約の時は法律に詳しい人に同席してもらったり、やりとりは口頭ではなくメールで残すなど注意して欲しいと思います。

さて、村西監督が世間の話題をさらっている頃、僕もＡＶ業界でクリーンヒットとなる女優さんたちを生みだしていきました。当時は、ＡＶ業界全盛期でお金がどんどん入って来ました。そして軍資金ができると、時代はまさにバブルでしたのでリースマンションをいわゆる土地ころがしのように売り買いしていったり、ゲーム屋をやったり、とにかくお金になること、お金になると言われたことなら、なんでも見境なく手をつけ稼いでいきました。

もちろんバブルの絶頂期ということが大きかったのですが僕は、二〇代の若さで使いきれないほどの大金を手にしました。

カネ、オンナ、酒、車とバラ色の日々

ＡＶ業界で、それなりに「成り上がる」ことが出来て、億単位の金も手に入れるようになった僕は、今度は湯水のように散財していきました。当時のＡＶ業界では「金なんか残したって

税金で持っていかれるだけ。使わなきゃ馬鹿らしい」と言われており銀座、六本木を中心とした夜の世界にも、頻繁に顔を出すようになっていました。

そしてこのように派手な生活をするようになると、色んな人たちが寄ってくるようになりました。

中でも、高知出身の人と出会うと、ほとんどの人が僕の出自を知っていて「中井啓一の息子」ということが東京でも囁かれだすのです。特に、僕が生きていたグレーな世界では、組関係に憧れているような人も多かったし、暴力団の抗争や勢力図の話などが大好きな人たちが沢山いました。

すると、僕がAV業界で掴んだ小さな成功も「親父のお陰だろう」「親父さんの援助があるのだろう」と思われていきました。こんなことが続くと、僕は「日本は何て狭いんだ」と思い、東京でも居場所を失ったような気がしました。そして自分がどんなに頑張っても、結局は誰にも認めてもらえないような気がしました。すると〈もっと頑張らねば〉〈もっと上を目指さねば〉と焦燥感にかられていきました。

当時、「ゼロハリバートン（ZERO HALLIBURTON）」というアメリカのブランドメーカーが制作していたゴールドカラーのアタッシュケースを持つことが、一種のステータスとなっていました。

僕も早速、とても高価だった〝ゼロ〟のゴールドアタッシュケースを購入して、そこに現金をパンパンに詰め込み、勇躍、銀座へと乗り込んでいきました。その財布代わりのアタッシュケースを、お供についてきていたプロダクションのスタッフに持たせていました。

当時一晩で最も使ったのは七百万円です。〈七百万円を現金でポンと払っていく若造〉の話は、アッという間に銀座のクラブ界隈に広まり、最初は、うさんくさい目で、〈一見さんお断り〉と言わんばかりだったママ連中も、満面の笑顔で迎えてくれるようになりました。

住まいは、若い男が一人で住むには、勿体ないくらいに広い、いわゆる高級賃貸マンションで暮らしていました。

世田谷区弦巻、桜新町、用賀あたりを転々としていたのですが、ペントハウスを借りていた桜新町のマンションには、屋内に全長七メートルぐらいのプールがありました。家賃は、月七十～八十万円くらいだったと記憶しています。

外車にも執着していました。フェラーリ、ベンツ、ジャガー、ルノーも含め、計八台ほど所有していました。高級車でＤｉｓｃｏに横づけすれば、ポーターが駐車場に入れてくれて当然のようにＶＩＰルームに案内してくれました。

ＶＩＰに入れば、黒服が勝手に女の子をつけてくれ、一晩限りで遊ぶ女の子にも事欠きませ

◉上京後、さまざまな仕事を経て、辿り着いたのがＡＶプロダクションの社長業であった。

んでした。

芸能人や有名スポーツ選手とも交遊するようになり、僕は「さすが東京や。金があればなんでも叶うんや」とお金の力を信じていきました。先方から見たらなんともうさんくさい奴だったと思いますが、「丈二って、何の仕事してるの？」と聞かれれば、「何でも屋」と答えていました。実際、バブルの時代は僕のように〈うさんくさくて何の仕事をしているのかわからないけど、腐るほど金を持っている〉という人が沢山いたので、みな深く詮索もせず、日本中が祭りに浮かれているような状態でした。

当時の僕は、はたから見たらとんでもなく金をもった成功した若造に見えたかもしれませんが、心の中は一向に満たされることなく、子供の頃から溜めこんできた怒りや、悲しみや、淋しさが渦巻いていました。なので、僕は東京に来て、成功を掴んでも、相変わらずあたりかまわず喧嘩をしては、暴れまくっていました。

ひたすら大金を稼いで、家賃が張る豪華な部屋に住み、高価な外車に乗り、高い酒を飲んで、高級な料理を食べて、好みの女性と付き合う。そうやって、〈もっと上にいけばきっと満たされる〉もっと上、もっと上と目指していきました。それでも〈まだ満たされない。まだ満たされない〉〈おかしい、こんなもんじゃないはずだ〉と焦燥感を抱いていました。不思議なことに、この頃はあまりクスリを使いませんでした。どちらかと言えば買い物依存症に陥っていて、大金を使う刺激が、クスリの刺激を上回っていたのかもしれません。

金だけのつながり

僕が、事業を広げていくと、取り巻き連中ができるようになりました。僕は、「兄貴！」「兄貴！」と呼ばれチヤホヤされるようになりました。すると父親の亡霊に取りつかれたかのように、高知の父の真似事をするようになっていきました。もしかしたらあの頃の僕は、中井啓一の息子の名前に苦しむあまり、中井啓一の様な大物になって、世間を見返したいと思っていたのかもしれません。

大物ぶって鷹揚に構え、下の者から何かを言われたら「ええよ。お前に任せる」と言ってなんでもかんでも任せてしまっていました。経理をチェックするわけでもなく、従業員の給与を決めるわけでもなく、面倒なことは何もしなくても、下の者は自分のために働き、上納金のようにあがりをきっちり持ってくるのが当たり前だと思っていました。

父の場合は、そこに至るまでのプロセスがあって、システムが出来あがっていたわけですが、僕の場合は、わずか二、三年で大金を掴み、しかも中途半端な素人の半グレをとりまきに置いて、形だけの兄貴分として調子に乗っていたのです。

するとニ十五歳になった頃、当然のごとくあちらこちらからひび割れが出てきました。

まず、一番ショックだったのは高知の友人でもあり、一緒にＡＶプロダクションを立ち上げたＧが多額の横領をしていたことです。Ｇは、ビデオ会社と結んだＡＶ女優の契約金を、僕と女優には少なく申告し、差額を懐に入れていました。

激怒した僕は、Ｇをボコボコに殴ってしまい、「お前なんとしても必ずこの金返せよ」と言いました。するとＧは「悪かった！　絶対返すから」と土下座しましたが、翌日にはいなくなっていました。

さらに、ＡＶの現地マネージャーとして同行させていた部下が、サイパン撮影から帰ってくる際に成田空港で麻薬犬にみつかり、大麻の所持で逮捕されました。この頃、僕は全く薬物をやっていなかったので驚いたのですが、もっと驚いたのは部下のご両親で、判決が出ると「退職させて欲しい」と言われ、田舎に連れて帰ってしまいました。

また、知り合いから「ナミビア共和国とルートがあり、ダイヤモンドが業者を通さず安く手に入る。三カ月寝かせて売り払えば、倍近い値段になる」と言われたのです。

今思えばなんでダイヤを三カ月寝かせる必要があるのか？　全く理屈にあっていないのですが、「ほらこれ、見事なダイヤだろ〜」なんて言われると、知ったかぶって「ホンマ、ええカットやな」などと、答えていました。

無知で、ええかっこしいの僕は、投資話がきたり、「皆で金を出し合って儲けよう」といった場面にでくわすと、必ずカッコつけて一口乗らずにはいられなかったのでした。この時も数百万円分のダイヤを買いましたが、それらはもちろんニセモノで三カ月寝かせている間に、売りつけた奴らは逃げ去ったあとでした。


そしていっぱしの事業家気取りだった僕は、商売も新しいものに手をつけるのが大好きでした。バブルの頃〈ランジェリーパブ（通称ランパブ）〉というものが大当たりしていて、仲間たちと出店することになり、僕も出資しました。

幸いにして僕はAVプロダクションをやっていますから、働き手には困りません。AV女優のファンの男たちが押し掛けてくるだろうと目論みました。広い店を借り、馬鹿みたいに内装にもお金をかけて開店したのですが、広い店内だと、お目当ての女の子がなかなか通らないし、人気AV女優はプライドも高く接客態度がいまいちで客の評判は悪く、しかも当時のAV女優は二日間の撮影で、百万円、二百万円と稼ぐ女性はざらでしたから、安い時給では働いてくれず、時給数万円などという破格の給与を出していたのです。

その店は半年も持たず、あっという間に潰れました。こうして書いているだけで、顔から火が出るくらい、幼稚な経営者だったのです。

当時、「女の子にもモテる」と勘違いしていましたが、寄ってくる女の子は多くとも、誰もうさんくさい何をやっているんだかわからない男と真剣に付き合おうとは思わなかったのでしょう、仲良くなって家に呼び、僕がまた調子にのって宝石だ時計だの自慢をしていると、翌日にはきれいに箱ごと持ち逃げされたことが二度ほどありました。

トラブルは全て身から出たサビなのですが、その頃つくづく「あぁ、皆、俺について来てくれてるんじゃなくて、俺の金についてきてるだけなんやな」と実感しました。

そして「人の気持ちは金では買えん」と思いました。

僕は、その後の人生でも長く苦しむのですが「よく会う知り合い」と「友達」の区別がつきませんでした。そしてこういうグレーな話に飛びつく知り合いを信じてしまうことで何度も傷ついていくのです。


僕は、二十六歳になると大ヒットを飛ばしてくれたAV女優さんと結婚し、グレーな商売がつくづく嫌になり、全て足を洗うことに決めました。この時、多少の蓄えは残っており、最低でも小さな店くらいなら夫婦で持てるだろうと思っていました。

夢であった幸せな家庭を築きたいと思っており、夫婦仲は順調だったのですが、その後二年間結局何ものものにならず貯金を食いつぶしていきました。

訪れた転機

話は前後しますが、僕が二十三歳の頃、六本木のディスコに遊びに行き、ＶＩＰルームに入ると、綺麗な女性たちに囲まれて、すごくカッコイイ男がいました。

〈あれ、嶋大輔違うか？〉

それまでも派手に遊んでいたので、芸能人との付き合いは結構多かったのですが、実は、僕は嶋大輔の大ファンでした。

〈せっかくだから、握手してもらおう〉

僕は、ドキドキしながら、彼に近づいて行ったのですが、緊張のあまりか、普段の素行が悪すぎたせいか「お前が、嶋大輔か!?」と声をかけてしまいました。そしてよりによって「表出ろや！」と喧嘩を吹っ掛けてしまったのです。〈握手をしたかっただけなのに、オレは一体何をしているのだ〉という思いもありましたが、こうなってしまっては仕方ありません。殴り合いの喧嘩が始まりました。

そして喧嘩がひとしきり終わると、いつも通りその日のうちに仲良くなり、時々ですが、一緒に食事をしたり、二人で飲みに行くような間柄となりました。

とにかく若い頃の僕は、喧嘩をして人と仲良くなるというねじれたコミュニケーションでしか人と繋がれないようなところがあったのです。

出会いから五年後、ちょうど、AVプロダクションを中心としたビジネスに行き詰まりを感じ、将来を考えていた時期に、大輔から、「暇だったら、スポーツクラブで汗流して、サウナに入らへんか?」と、誘いがあり、車で迎えに来てくれました。

そして、サウナに入っていると、嶋大輔が「あっ、社長!」と、中年男性に挨拶をしていました。僕も、その人に向かって軽く会釈したのですが、その場では、会話を交わすことはありませんでした。

スポーツクラブを出て嶋大輔と別れたのですが、その夜、再び彼から電話があったのです。

「丈二、今日、サウナであった人がいたやろ。あれ、ウチの事務所の社長なんや。お前に是非会いたい言うてな。明日、時間取れへんか?」と言うのです。

いつでもヒマな僕は、「ええよ」と気軽に返事をしました。

翌日、僕は再び嶋大輔の車に乗り込み、彼が所属する芸能事務所「フロム・ファースト」の社長小口健二さんが待つ赤坂のホテルに向かいました。

車の中で「社長、俺に何の用やろ？」と聞くと、嶋大輔は「事務所は色んな副業をやっているから、経営しているバーかレストランで働かんか？　ってことやないか？」などと言っていました。

そして「もしも、社長に〝僕に人生を預けてみないか？〟と誘われたら、それは芸能人になれってことだからな。そしたらお前も、芸能人だな！」とからかうので、「そんなことがあるかい！」と僕も、笑いながら答えました。

ところが小口社長に会うと、いきなり

「僕に君の人生を預けてみないか？」

と言われたのです。僕は、仰天しました。

いえ僕よりも、誰よりも驚いていたのは嶋大輔でした。

まさに唖然とした顔をしていました。

こうして二十八歳になっていた僕は、遅咲きも遅咲きの芸能界デビューを果たしたのです。

振り返れば、嶋大輔との出会いがなければ僕は芸能界という道を歩むことができなかった。

そう思うと、彼には感謝の気持ちでいっぱいです。

第五章

欲望の先に

そしてすべてを失った

俳優高知東急誕生

東京に出てきてから荒稼ぎした、これまでの仕事に全て見切りをつけ、貯金を食いつぶしている間に、芸能界デビューという思ってもみない話が舞い込んで来ました。

最初に検討されたのは、芸名でした。当初、小口社長は「〝大崎丈二（おおさき・じょうじ）〟という名前は、そのままで、良く出来た芸名みたいなものだ。だから、そのまま本名で行きたいと、オレは考えている」と言ってくださいました。

しかし僕が、生い立ち、高知での人間関係などを素直に小口社長に話すと、「そうか。それは大変だったな」と理解を示してくれ、「そういう事情なら、くだらない中傷が入っても困るから芸名を付けよう」と言ってくれました。

今思うと、僕の人生の全てを、最初に話したのは小口社長であり、ハチャメチャな僕の人生を受け入れてくれた最初の人も小口社長でした。

小口社長が、僕に対して考えてくれた芸名が「高知東急（たかち・のぼる）」でした。もちろん、「高知（たかち）」は、僕の出身地である高知にちなんでいます。高知県出身のやんちゃな青年が、花の都「東」京で「急」いでことを為す。「急」という文字は、すでに二十八歳という、芸能界にデビューするにしては遅い年齢ということを踏まえて、「とにかく早く出世しろ」という、社長から僕への、激励のメッセージも込められていました。そして「東急」には、いろいろな意味で縁起が良い「のぼる」という読み方を当てたのです。

僕は社長が心を込めて命名してくれたものですし、喜んで拝命することにしました。

僕の初仕事は最初から大きな仕事に恵まれました。事務所の看板俳優である本木雅弘さんが〝孫悟空〟、宮沢りえさんが〝三蔵法師〟を演じた、スペシャルドラマ版の『西遊記』に三蔵法師一行と敵対する妖怪組織の一員である〝銀角〟という重要な役を与えて頂きました。右も左もわからない僕が、いきなり大スターと一緒に中国ロケで演じることになったのです。僕は、とにかく必死にやりましたが、そもそも業界用語を理解していないので、失敗ばかりしていました。

例えば、監督に「ここまで終わったら〝笑え〟」と言われたので、笑いながら次のセリフを言ったら「てめぇ、ばかやろう！　聞いてなかったのか！」と怒られました。実は、〝笑え〟は、〝はける・その場から去る〟という意味だったのです。さらに、今も昔も大スターの宮沢りえさんの首を絞めるシーンがあったのですが、「どのくらいの力でやればいいんだろう?」とさっぱりわからないわけです。そこで、多少手加減しながらやったつもりだったのですが、それでも力を入れすぎたようで、りえさんは「くっく苦しい……」となってしまい、セリフも言えず、危うく気絶寸前!

僕はまたこっぴどく怒られました。

そんな失敗だらけの僕だったのですが、小口社長は僕のありのままの姿が良いと言ってくれる人でした。「俳優になるための稽古やスクールに通う必要などない。お前はそのままでいけ」そんなことを言ってくれていました。

そして、作品がオンエアされると必ず見てくださり、その日の夜か、翌日には「良かったぞ!」と言ってくれて絶対に僕を否定しない人だったのです。そして「あそこがよかった」とか「ここが面白かった」「この仕事向いてるぞ」と必ず安心させてくれました。

緊張のあまりNGを何回も出して現場で怒られたりしても、「大丈夫! みんな緊張してる。使われるのはOKが出たところなんだから気にするな」と、叱られたことなど一度もありませんでした。

僕は、昔から滑舌が悪かったのですが、少しでも治そうと早口言葉の練習などをしていると、小口社長は「お前はロボットじゃない、たった一人のお前なんだ。だから個性を大切にしろ。お前の生き様こそが個性なんだ」と言ってくれるような人で、僕は、初めて普通の家庭の人たちが、親から与えられる愛情を小口さんに与えてもらった様な気がしていました。

こうして小口社長の温情に支えられ、僕の俳優生活は順調なスタートを切ったのでした。

けれども僕は、物事が順調に進むと必ず、調子に乗ってしまって何かをやらかすのです。

恩人にしでかした愚行

僕は、一九八三年（昭和五十八）に公開された、映画『竜二』の大ファンでした。暴力シーンのないヤクザ映画と言われ、主演の金子正次さんが脚本も手がけ、ヤクザがカタギになろうとする苦悩を描いた映画で当時大ヒット作となりました。すでに末期の胃がんを患っていた金子さんは、東京でのロードショーが始まった一週間後に、盟友である松田優作さんらに看取られて、三十三歳の若さでこの世を去ったのですが、その衝撃的な死もあり今でも知る人ぞ知る伝説の映画となっています。

僕は、『竜二』を見た時から、母親の半生をいつか映画にしたいと思っていました。子供の他愛ない漠然とした夢でしたが、その夢が叶えられそうな芸能界に来たのです。これはなんとしても実現したいと思い、『竜二』のシナリオ本を購入して手本にし、母親の物語を書きあげました。

出来あがると早速事務所で社長に見せました。社長は、一時間くらい時間をかけてじっくり見てくれたあと、

「う〜ん、十年早いな」と言いました。

すると僕は瞬く間に、頭に血が昇ってしまい、

「オレが芸能界入りするとき、アンタは〝オレに人生を預けてみないか〟と言ったやないか。それが、いまの言い草はなんや！」

そう叫びながら、僕はテーブルにあったガラス製の灰皿を床に投げつけ、そのまま社長室を後にしました。

本当に今振り返ると、自分の愚かさと、瞬間湯沸かし器のようにかっとなって感情がコントロールできない自分が情けない限りです。

自分の手がけた脚本が、稚拙で使い物にならなかったのか？　そもそも自分の身内の物語を書くことが十年早かったのか？　わかりませんが、どちらにせよ今の自分なら「そりゃ、そうだろう」と思えることなのに、僕は、自分の思い通りにならないことにかっとなり、感謝している大好きな恩人に牙をむき、台なしにしてしまったのです。

僕はこの自分の感情をコントロールする術を知らないばかりに、この後の人生をしくじっていきます。

それからおよそ半年近く、仕事が全く入らなくなり、謹慎状態になってしまいました。

復帰が叶った

〈もう僕の芸能生活は、このまま終わってしまうのかな……〉そう思っていました。

でもありがたいことに、当時はまだ給料制で、全く仕事をしていないにもかかわらず、事務所からは毎月給料を振り込んでくれていたのです。

そしてある日、マネージャーから仕事の電話がかかってきました。

それはいわゆる〝二時間ドラマ〟の死体役でした。

ただ川の中でうつぶせに浮かんでいるだけ。そして次のシーンでは、警察の捜査会議で使用するホワイトボードの上に貼られているという、たったそれだけの役でした。

デビューから幸運に見舞われ、それなりの脇役を与えてもらっていたこれまでの僕からは、考えられないような端役でした。でも僕は現場に出られることが嬉しくて、嬉しくて、張り切ってやりました。

その数日後、事務所から電話がかかってきて、「社長が会いたいと言っているので、明日事務所に来てください」と呼びだされました。僕は、「もしかしたらクビを言い渡されるんじゃないか?」「何を言われるんだろう」と、ドキドキして落ち着かない時間を過ごしました。

予定よりも、一時間半も早く着いてしまい、近所の喫茶店で時間をつぶしたりして、居ても立ってても居られない状態でした。やっと時間になり、社長室に入ると、とにかく僕は、「すみませんでした」と謝りました。

すると社長は、「気にするな。お前は役者に向いている。頑張ってやれ」と言ってくれたのです。そして、

「まあ、そういう後先考えずに行動するのがお前の個性だからな。これからも、その個性を大切にしながら、役者の道を突き進めよ」

と、思ってもみなかった、温かい言葉をもらい、僕は、そこで泣いてしまいました。

今振り返っても、小口社長は父親のような優しさと寛大さで、未熟な喧嘩っ早くて、問題児の僕を一から育ててくれた大恩人でした。小口社長にお世話になったのは七年間で、その後別のプロダクションに移りましたが、今でも感謝しかありません。

デビューから三年後の一九九六年は、僕の身から出たサビで心労の多い年でした。

◉スカウトされ二十八歳で芸能界デビュー。遅いスタートだったが仕事に恵まれ多忙な日々が続いた。

まず、僕の不倫が写真週刊誌に報道され、最初の妻と離婚することになりました。

さらに「高知東急」という芸名に関して、東急グループから訴えられたのです。

この「『東急』芸名訴訟事件」は、マスコミでも大々的に取り上げられたため、ご記憶の方も多いかと思いますが、訴訟の理由は、

「〝のぼる〟という当て字はなされているが、この名前を見た人は、〝とうきゅう〟と読んでしまうはずだ。俳優〝高知東急〟と〝東急電鉄〟の間に、密接な関係があると思われてしまう」

という言い分でした。

推測に過ぎませんが、不倫という女性関係の素行の悪さが報道されてしまったために、東急さんとしてはイメージダウンのとばっちりを受けたくないという思いがあったのではないでしょうか。それ故、デビューから三年経ったこの時期に、訴訟を起こされたのではないかと思います。

小口社長と相談して、東急（のぼる）という名は、東に急ぐの意味で付けたもので、東急電鉄さんを意識してつけたものではなかったことから、〈和解はせず結論は法廷の場で争おう〉ということになりました。

二年近くに渡った裁判でしたが、結局僕らの主張は通らず負けてしまいました。ここで、控訴はせず、改名をすることとなり僕は「東急」から「東生」の当て字を使うことになりました。

改名に伴い、小口社長と考えてこんなコメントをマスコミに対して発表しました。

「役者として地位を築いていないのに、名前が先行してしまいました。いままでは〝急〟ぎ過ぎるところがありましたが、これからは、ゆっくりと〝生〟きていきます」

この言葉を肝に銘じて僕は生きていくべきだったと今さらながら思っています。

この敗訴により、僕は大手メーカーのCMの話と、連ドラの出演オファーを失いました。

実の父との対面

この頃、某テレビ番組で芸能人が会いたいと思っている人物を捜し出し、感動の対面を実現させるという企画があり、僕に、この企画がまわってきました。僕は打合せの時に、希望するのは誰でもいいのか？　と確認したところ、誰でもOKということだったので、思い切って徳島の実の父親をリクエストしてみました。

すると、番組のスタッフから先方に問い合わせてくれ、実の父親も了承してくれたとのことで、僕は、徳島ロケに出かけていくことになりました。

母が死んだときに戸籍謄本を見て初めて存在を知り、祖母と一緒に家の前まで行ったけど、結局は会わずじまいで高知へ帰ってしまった、あの人です。

僕が初めて訪ねたときに、大邸宅の広い庭で、ドーベルマンのような大きな犬を三匹も飼っていた実の父親の姿を見たわけですが、この実の父親も徳島の有名な侠客でした。母はとことん侠客が好きな人だったのでしょう。

実の父親は、この頃にはすっかり足を洗い、漁業協同組合の理事長となり、漁業権ビジネスで一財産を築いたとのことでした。


徳島の父親との再会は、まるで漫画のようでした。

スタッフが先に家に入り、僕は外で待機していたのですが、そのスタッフがなかなか出てこない。一時間以上待って、いくらなんでも遅すぎるのでどうしたのかと思っていると、スタッフが床に正座させられ、そして父親の子分みたいな人がぐるりととりまいているのです。そこで僕は頭に来て、

「誰や！　こんなことさせたの！」

と怒鳴ると、父親が、

「おう！　丈二か！　こいつらが勝手にこっそりマイク仕掛けたんや！」

とキレているのです。僕は、

「丈二もクソもあるか！　これはピンマイクやないか！」と撮影準備の段取りを説明し、周りにいた子分のような人たちを指し「こいつらみんな外に出してくれや、親父！」と、自然と親父という言葉が出ていたのです。

「おう、そうかすまんなぁ」

と父親は笑ったのですが、こんな事情だったので、初対面は感動どころか、〈なんじゃコイツ！〉と、僕もブチ切れてしまう、ハチャメチャなモノだったのです。

もちろん撮影どころじゃなくなり、父親も、

「すまんかったなぁ。でもこの話はやっぱりなしにしてくれ」

と言い、スタッフに土産物を持たせ、空港で寿司をご馳走してくれたので、皆で食べて帰りましたが、もちろん僕もスタッフに平謝りすることになりました。

徳島の父親とは怒涛の出会いとなってしまいましたが、その時に連絡先を交換し、数か月後もう一度会いに行きました。そこでやっと父親と母親の話を聞くことができました。

徳島の父親の家に行くと、父親と本妻さんと息子さん二人という家族総出で出迎えてくれました。

僕は、愛人の子供なので、内心は複雑だったかと思いますが、歓迎してもらえたと思います。

そして父親はこんな話を聞かせてくれました。

なんとうちの母親は、徳島の父親が浮気をしていると勘違いして、腹いせに警察に行き「あの男、家に拳銃五丁持ってますよ」と密告したのだそうです。

浮気も何もそもそも自分が愛人なのですが、それによって徳島の父親は逮捕され、懲役に行くことになりました。〈やばい！〉と思った母親は、そこから徳島を去り、高知に戻ったようなのです。

父親の本妻さんは「あの時は、組の子分が沢山いて私が突然夫の代わりに守っていかなくちゃならなくなって大変だったのよ」と笑って言うのでした。しかも、

「あなたをこちらで引き取りたいと申し出たんだけど、陽子さん（母の本名）が嫌がってね」

と言われたので、

〈母親は、あれでも俺を自分の手で育てたかったのかな？〉

と少し嬉しい気持ちがしました。

何よりも、僕が驚いたのは徳島の父親が、僕の幼い頃から明徳高校までの写真を持っていて、僕が、中井啓一を本当の親だと思っていたことなど全て知っていたのです。

「じゃあ、親父はお袋と連絡とってたんや！」と聞くと「そうや」と言うのです。

母親は、僕にそんなことを一言も言っていなかったので驚きました。そして母の死も祖母によって知らされていたのだそうです。

それにしても、母親はなんとファンキーな女性だったのでしょうか。

ほとんど知ることのなかった母の青春時代の一面を垣間見て、その激情に改めてあっけにとられてしまいました。

出会い

元妻の高島礼子と知り合ったきっかけは、ドラマの共演で意気投合し、仲良くなった役者仲間から、携帯にかかってきた一本の電話からでした。

一九九七年（平成九）の春頃だったと思います。

「今日、俳優仲間たちと集まって飲み会をしようという話になったんだけど、よかったらお前も飲み会に参加しないか？」

という誘いにのり、その場所に出向きました。

そこに集まっていた仲間の中に彼女がいたのです。

その後も、時々、仲間うちで集まって飲むようになり、五〜六回会った頃でしょうか。ある日仲間たちの都合が悪くなり、たまたま彼女と二人になった時がありました。普段仲間たちといる時の会話とは少し違ったお互いを分かち合う不思議な時間を過ごすことができたのです。

僕は十七歳で、彼女は十九歳で母親を亡くしており、その淋しさや悲しみが共感できたことでも、お互いなんとなく気が合い、居心地の良い女性となっていきました。

半年くらい友人関係が続いたでしょうか。二人は自然と惹かれあい、ある日僕から交際を申し込み了解の返事をもらいました。

その年の初冬のことです。二人で北海道の知人に会いにいく旅行に行きました。そこで写真週刊誌に撮られたようだと事務所から連絡がありました。

僕たちは、ここで大騒ぎになっても嫌だなという思いと、どうしたらいいんだろう？ と考えあぐねた末、折角の初旅行でがっかりしましたが、二泊三日の予定を彼女は、一泊で切り上げ一足先に一人で帰ることにし、僕は、ホテルを変えて翌日帰りました。

東京に帰ってくると、写真週刊誌に撮られたようだったのですが、結局その時はどういうわけだか記事にはならなかったのですが、その代わりちょこちょこ二人が付き合っていることが話題になっていきました。そこで僕ら二人は交際を認め公認の中になっていきました。

こうして付き合い始めた僕たちですが、もちろん当初は結婚のことなど考えていませんでした。

ただお互いデートを重ねていくうちに、三十歳を過ぎていましたし、適齢期でもあることから、よそゆき顔で綺麗事や社交辞令を並べながらつきあっていくよりも、いっそスパッと同棲してみたらどうか？　ということになりました。

〈一緒に暮らしてみてダメならダメできっぱり別れよう！〉

とサバサバした二人らしい話し合いになったのです。

その日から同棲が始まりましたが、二人ともコソコソすることが嫌いでしたので、堂々とデートを楽しんだり、スキューバダイビングのライセンスをとったり、仕事がオフのときには愛車で温泉めぐりなどをしました。

彼女とは、感性が似ていて、一緒にいてすごく楽でした。

こうした彼女との生活の中で僕は、「このまま、この子と結婚するんだろうな」と自然に思うようになったのです。

幸せな結婚生活

一九九九年（平成十一）二月に、ハワイ・オアフ島の教会で、親類と親しい友人百五十人で、僕と彼女は結婚式を挙げました。

僕たちは、一九六四年（昭和三十九）生まれの同い年ですから、共に三十四歳。彼女は初婚、僕は二度目の結婚ということになります。

後日、新高輪プリンスホテルで行われた結婚披露宴は、八百人の招待客で大いに盛り上がり、僕たちを祝福してくれました。

僕は、色んな人がこの結婚式に関わってくれて、沢山のサプライズを用意してもらっていたり、工夫を凝らした演出が施されていて、自分たちの結婚式でありながら驚きの連続でした。多くの人たちが、自分のたちのことを考えて時間を割き、いかに祝福しようかと準備してくれたと思うと、感謝の気持ちでいっぱいでした。

そして自分自身も感激していました。

今度こそ、絶対に幸せな理想の家庭を作ろうと、固く心に誓いました。

◉デビュー時、ブロマイド用に撮った写真。その後一九九九年二月、ハワイで元妻高島礼子と結婚。

僕と彼女は、趣味があったと思います。

僕は、仲の良かった芸能人Ｓさんとバイクの大型免許を取り、オーストラリアをハーレーで横断するという旅番組に出ました。

僕は、昔から〈いつか大型免許をとりハーレーに乗りたい〉と思っていたのですが、ありがたいことにその夢が仕事で叶ったのです。

番組があまりに楽しくて、僕は日本に帰って来てから、自分のハーレーを買いました。

バイクが届いた日、彼女に「後ろに乗るか？」と聞くと、乗りたいというので、二人でツーリングに出かけました。

すると彼女が「私も免許を取りたい！」と言いだし仰天しました。

確かに元々彼女はレーサーをやっていたほど車が好きでしたし、運転もうまいです。でも、バイクの大型免許となると、女性がとるのは並大抵のことではありません。

そもそも倒れたバイクを起こすという実技試験があるのですが、重たいバイクを起こすだけでも女性の力では一苦労で、それが起こせずに諦める人も沢山いるのです。

半信半疑でしたが、僕が免許をとった教習所を紹介すると、なんと彼女は一発最短で免許を取得してきました。

すると今度は、彼女と二人ハーレーでロスアンジェルスからサンフランシスコを巡るという旅番組の依頼がありました。そこで、忘れられないワンシーンがありました。

ハイウエイで走っている時に、コンボイがいきなり僕たちの撮影クルーに割りこんでこようとしました。コンボイとはよくアメリカ映画に出てくる、とてつもなく大きいトラックです。その時の僕ら撮影クルーは、元妻の礼子が先頭、次に僕、後ろから車でカメラスタッフがついてきていました。

おそらく、コンボイの運転手は僕らが目に入っていなかったのでしょう。右車線から、僕らがいる左車線にギリギリのところで車線変更をしようとしたのです。

僕はとっさに「危ない！」と叫び、ブレーキをかけましたが、彼女は車体を振って、「ギュイーン！」という感じでコンボイの後ろから右旋回し、アクセルを吹かしてコンボイの前に出ていったのです。

普通、コンボイが右から左に寄せてきたら、焦って自分も左に寄ってしまいます。ところが、あれがレーサーの勘なのでしょうか？　彼女の度胸でしょうか？　コンボイをすれすれで回避したかと思ったら、右にハンドルを切ったのです。

僕は、その華麗なドライビングテクニックに唖然とし、一人〈俺、ダッサ！〉と突っ込みを入れてしまいました。

僕は昔から凛として、男にも負けない向こうっ気の強そうな人が好きでした。彼女は、まさにそんな女性でした。

ゆがんだ美学による苦しみ

僕は、芸能界でそれなりに業績も残したつもりですが、僕の評価にはずっと「ヒモ男」と「格差婚」がついてまわりました。

「格差婚」については、収入面と主役か脇役かという意味での「格差」であれば、異論は全くありません。彼女は、もちろんトップ女優の一人で、お互いの収入を確認したこともありませんが僕よりずっと上だったと思います。また、映画、TVドラマ、舞台でも、高島礼子は主演をはる女優です。

それに対して僕はバイプレーヤーつまり脇役で、求められる役柄が全く違います。

ただ僕も脇役として、自分なりに役作りに励んでいましたし、二〇〇六年に放映された人気ドラマ「結婚できない男」の金田裕之役のように多くの皆さんの記憶に残る役にも恵まれてきましたので、その点では、彼女と比較することなく、自分の役割に満足していました。

けれども「ヒモ」と呼ばれることには、こんなに仕事をしているし、〈TVや映画にもでているのになんでだろう?〉と不思議に思う気持ちと、悔しさがありました。

僕が、全く仕事をせず、食わしてもらっているのならともかく、仕事で露出もあり、年収も一億円とまではいきませんが。数千万円は頂いていたので、「いい加減なことを言うな!」という想いがありました。

ただなぜ僕に「ヒモ」という称号がついたのか、その始まりが何だったのかはよくわかっているのです。

僕には、ものすごくゆがんだ美学があり、僕に起きた様々な問題はそのゆがみから始まっているのです。

僕は、自分の大事なもの、大事なことを「任せる」と言うことが、良いことであり、親愛の証であり、相手も喜ぶことだと思っていました。

そこで僕はよく、親しくなると男女問わず、自分の財布をポンと渡し「これで払っといて」とやるのがかっこいいと思い、そうしていたのです。財布のような大事なものを預けるということが〈お前を信用している証し〉だと思っていました。

今考えると、赤面するくらいステレオタイプで〈ヤクザ映画の見過ぎか？〉という感じですが、まさにその通りで、おそらく渡された方も「やれやれ」と苦笑していたと思います。

そしてこの財布を渡された相手が支払いをする姿を、度々写真週刊誌に撮られていたのです。もちろんそういう時は、女性とのデートシーンをスクープされるわけで、最初に「ヒモ」と不名誉な称号をつけられたのは、女性が支払い、僕の財布を返してくれたところを撮られたのでした。

元妻の高島礼子と付き合いだしてからも、同じような場面を撮られており、「女性に金を払わせていた」「女性の財布を受け取っていた」と書きたてられたのです。僕はそういう点では失敗から学ばず、自分の美学にこだわる頑固者でした。

だから「ヒモ」と言われると、事実ではないので腹が立っていたのですが、なぜそう言われるようになったかをたどっていくと自業自得でもあるのです。

僕は、依存症のプログラムに繋がっていかに自分の美学がゆがんだもので独りよがりだったか段々気がついていきました。

この「任せる」は、そもそも「俺にそう言われたら嬉しいはず」という男として、そして芸能人としての傲慢さもあったと思います。

ある日、仲間の一人に「任せる」と言ったら、

「いえ、任せられても困るので一緒に考えてください」

と言われ仰天しました。

「信頼してるから任せるんだけど……」

とモゴモゴしながら言うと、

「それって自分で考えたり、やるのが面倒なだけじゃないですか」

「私たち、使用人じゃなく、バディ（相棒・仲間）なので試行錯誤するプロセスが大事なんですよ」

とバッサリと僕の美学は切り捨てられたのです。

僕はこの時初めて〈そうか！　任せるって良いこととか、相手が喜ぶこととは限らないんだ！〉と気づいたのです。

また、こんなこともありました。僕が、あるインタビューの合間に雑談として、

「俺の、ポリシーは義理・人情・筋・けじめです。一度、世話になった人の願いや、頼まれごとは絶対に嫌とは言いません。以前、可愛がっていた後輩の俳優がある人を怒らせてしまって、のっぴきならない状態になったので、僕はこの件では全く関係なかったのですが『一緒に坊主になって謝りに行こう』と言って、本当に坊主にして謝りに行ったんですよ！」

と自慢げに話したら、そこにいた記者さん、カメラマンさん、ついてきてくれた仲間の全員が、ぽっか~んとした顔をしました。仲間の一人が、唖然というか心から不思議そうに、

「高知さん、それ本当に良いことだと思ったんですか?」

と、聞いてきたのです。僕が予想外の反応に焦っていると、仲間に、

「そんなことしたら、傷つけられて怒ってた人は消化不良になりますよね? ちゃんと怒れる機会を逸しちゃって禍根を残しますよね? 全く関係ない高知さんが出ていったことで、その人高知さんを恨んでると思いますよ。それにそんな芝居じみたことを大げさにされたら、むしろ傷つけられた人が罪悪感を感じなきゃならないじゃないですか。第一、その一緒に謝ってあげた人は高知さんという余計な義理がけが増えるし、その人がきちんと失敗に向き合うチャンスもなくなりますよね?」

と言われたのです。

そして記者さんも、カメラマンさんも〈うんうん、その通り〉という感じでうなずいたので、ここでも僕の美学は独りよがりだったということを知るのです。

さらにこんなこともありました。僕は、義理・人情・筋・けじめなので、一度でも出会い仕事をしたりすると「よく会う単なる知り合い」を、凄く良い人に感じたり、友人のように勝手

に思ってしまうのです。

やはり仲間との雑談の中で、某芸能リポーターの話になり、

「あの人凄く良い人で、俺、仲良かったんだよ」

と言ったら、ある仲間が、

「良い人なら、高知さんが捕まった時あんなボロクソ言わないですよね。全然良い人じゃないじゃないですか!?」

と言ったのです。だから僕は、

「いや、あれはテレビの演出上だからさ。よくご飯も食べに行ったし、すごく腰の低い感じの良い人なんだよ」

と言ったら、

「だとしたら普段とテレビに出る時とで、表裏の二面性のある嫌な野郎ですよね」

と突っ込まれ、

「いいですか高知さん、芸能リポーターはネタをとるのが仕事。芸能人に感じ良くするのは当たり前ですよね？　そして安心させて懐に入り込んでくるから特ダネが取れるんですよね？」

さらに、

「仕事上の付き合いをする人で、感じ悪く来る人なんかいませんよ。外づらが良いのは当たり

前。本当に良い人や、友人と言うのは、その人がピンチの時こそ、変わらぬ友情を示し、世界中の人がバッシングした時でも、『俺は、あいつが好きだし、あいつは良い奴だ』と言ってくれる人です。ピエール瀧さんに対する、相方の石野卓球さんのような人が本当に良い人です」と諭《さと》され、この時は心に矢がグサグサ突き刺さるくらい、傷つきもしましたが、僕のこれまでの人生の苦しさの根源を見つけた気がしました。

僕は、自分の美学のために、任せちゃいけない時にも任せてしまったり、任せちゃいけない人に任せてしまって失敗をしてきました。おそらく任せられた人の中にはうんざりし「自分でやれよ！」と思っていた人もいたでしょう。でも、芸能人だったから偉そうにしていても、誰にも文句を言われなかったのかもしれません。

頼られると、かっこつけて芝居がかった大げさなことをして問題を広げるので、事態を余計こじれさせたり、無駄な恨みをかっていました。

単なる知り合いや仕事上の付き合いの人にもNOと言えず、それどころかサービス精神旺盛に余計なことまで言ってしまい自分の首をしめてしまうこともありました。

そしてこのゆがんだ美学のために苦しむのは、芸能界以外のビジネスに手を染めた時から始まるのです。そしてそこからもがけばもがくほど、薬物の沼にはまりこんでしまったのでした。

素人ビジネス

僕は、三十六歳頃から、〈もうすぐ四十歳だ。なんか嫌だなぁ〉と思い始めていました。今、考えれば四十歳などまだまだ若いのですが、当時は、抵抗があったのです。

そこで〈せめて身体だけでも鍛えて、中年太りにならないようにしよう〉と思い、二〇〇〇年からジムに通い始めました。そこは多くの芸能人、著名人、有名経営者らが通う、入会金五百万円、個人レッスン二時間二万五千円というういわゆる高級会員制ジムでした。

僕は、根っからの依存症気質でハマるととにかく徹底的にやるタイプで、週二回のジム通いに加え家でも筋トレを行い、筋肉の付き方やスポーツ理論も学び、四年も経過すると筋肉ががっしりついた身体に自己満足するほどになりました。

するとちょうどその頃、芸能人の健康チェック番組から出演オファーが来たので、身体には自信満々だった僕は喜んで出演したのです。

ところがです。その番組で、なんと僕の血液はドロドロということで、一緒に出演していた故松方弘樹さんと、僕の二人だけがレッドカードということになったのです。松方さんは僕より二十二歳も年上です。若返りたいと思って熱心に筋トレをやってきたのに、血液がドロドロだったとは！　僕は、衝撃を受けて他の運動方法を探すようになりました。

誤解しないで欲しいのですが、筋トレが決して悪いわけではありません。血液がドロドロだったのも筋トレのせいではないと思います。ただ当時の僕は、筋トレに入れあげていた分、がっくりきてしまって一気に意欲を失ってしまったのです。

そして出会ったのが、二〇〇五年頃大ブームだった、加圧トレーニングでした。やっているうちに〈これはなかなか良いな〉と思うようになり、自分でもトレーニングジムをやってみようかなと思うようになりました。


僕と彼女は、役者同士の結婚なので、いつどうなるかわからない不安定な立場です。そこで、芸能界の仕事とは別にサイドビジネスをやってみようかなという気持ちは心のどこかに常にありました。実際、サイドビジネスをやっている芸能人の友人知人も多かったのです。

そこで彼女に〈今なら、お金も回っているし、サイドビジネスとして加圧トレーニングをやってみたい〉と相談しました。彼女は特に賛成も反対もせず〈いいんじゃない？〉という感じでした。

そこで僕は、芸能界の仕事以外は、一年間加圧の勉強と準備に費やし二〇〇六年に加圧トレーニングジムをオープンさせました。このジムの開業資金は二千万円くらいだったと思うのですが、僕は、経営も学んでいないし、昔からなぜか借金が嫌いなタイプだったので、運転資金の借り入れなどはせず、自分の貯金から出してしまいました。

今思うとこれも良かったのか、悪かったのかわかりませんが、無借金経営にこだわっていました。

この加圧トレーニングジムは、恵比寿に作ったのですが、オープン時に芸能人・有名人の方々から開店祝いの花がそれこそ一〇〇基以上届いたのではないでしょうか？　あっという間に大評判になり、ひと月七百万円くらい売り上げました。

ただ七百万円の売り上げといっても、加圧トレーナーの資格をスタッフにとらせるだけでも、一人五十万円ほどの経費はかかりますし、機械の購入やランニングコストを差し引くとおそらく粗利は半分の三百五十万円くらいだったと思います。ここから初期費用を回収に入るのですが、最初に勢いがあったものの、少しずつ売り上げが下がっていきました。

そこで、売上七百万円をキープし続けるために、僕は、ストレッチメニューも追加しました。

これは、自分自身が筋トレにハマっていたころに、トレーニングのあと必ずストレッチを行っていて、運動のあとはクールダウンが重要だということを、身を持って体験していたからです。

そこで自分でストレッチメニューを開発したのですが、これがまたウケて、加圧＋ストレッチで七百万円の売り上げを再びキープすることができるようになりました。

こうなるとまた僕の悪い習性で、内部留保をする前に次々と事業を展開してしまい、近所の物件を借り、ストレッチ専門の部屋を拡大して出しました。この出店に五百万円くらいの初期費用がかかったと思います。

当初、加圧スタジオは六人のスタッフでオープンしたのですが、ストレッチ部門を拡大したために、従業員を三人増やすことになりました。このため粗利は百万円くらいまで落ち込んでいたと思います。もちろん加圧とストレッチの両方の施術ができるように育てていくのですが、この頃から僕は、事業を続けていく上で最大の悩みとなる従業員確保に頭を痛めることになるのです。

美容産業というのは、流行り廃《すた》りが激しく、技術革新は日進月歩の勢いで進んでいきます。僕が、ストレッチメニューを開発したと聞くと、従業員募集にスパイのような人が潜り込んできて、五十万円ほどかけて加圧のトレーナー資格を取得させ、ストレッチの技術を覚えさせるとすぐに辞めていき、別の店で働きだす。よくよく確かめてみると、元々その店の従業員だったなんてこともありました。

また、技術を覚えると他のスタッフを引き抜いて辞めていくということもありました。このようにえげつないことが商売の世界では行われるのですが、良く考えると僕も昔のＡＶ業界などでは、そんなことは日常茶飯事にあったのです。ところが今は芸能人となってしまった。なまじ名前が知れているために、嫌がらせや妨害があっても、こちらは事を荒立てたり、もめ事にしたくないという思いがあり、人材に関してはやられ放題、狙われ放題になってしまいました。僕は、法的に対抗策をきちんと講じる経営学が全く身についていなかったのです。

こうしてスタッフの出入りが激しくなると、売り上げも段々落ちていきました。その上、技術者に育てるまでの教育コストもかさんでいき、二〇〇八年からは売り上げが順調だった頃に回収した初期費用でどんどん赤字補てんしていくようになってしまいました。

赤字経営が二年ほど続いた頃、僕は起死回生を図りあるアイディアが浮かびました。それは、当時人気だったエステの機械を置いて使い放題にすることです。

普通のサロンなら照射するだけで「一分千円」などという価格のマシンを、月会費一万円で使い放題にすれば、お客さんも喜ぶし、人件費もほとんどかからないし、人を育てる必要もないと思ったのです。そして思惑は見事にあたり、恵比寿に出したセルフエステも人気になり売り上げが持ち直してきたのです。

ところがここでもまた僕の悪い癖が出てしまい、折角売り上げが上昇したのだから、これまでの赤字が回収され内部留保ができるまでじっくりやれば良いのに、ここでまた同じセルフエステの店を今度は白金に出店してしまったのです。これが大失敗でした。

恵比寿ではウケたセルフエステが、白金では全くあたらなかったのです。

これは一つには、白金がエステの激戦区だったことがあります。それと、店舗を恵比寿に集中させていたのに、少し離れた白金に店を出してしまったためにスタッフが余計に回らなくなってしまいました。

さらに、二〇一一年に東北大震災があり、日本中が悲しみに沈み、商売にも大きなダメージがありました。この白金店の赤字を補てんするために、僕は、蓄えをなしくずしにしていきました。


商売が下降線をたどっていく中、二〇一二年、美容法や健康法の研究をしていた僕は、ラジオ波というものに出会い、〈これだ！〉と思いました。そして機械と手技をあわせた施術を生みだし、また新たに出店しました。この施術は実際評判も良く、お客さんのリピート率も高かったのです。

けれども僕はここで最大の失敗を犯してしまうのです。

僕は、信じてはいけない人に全てを「任せ」、のっぴきならない状況に追い込まれ、全てを失っていくことになったのです。

〝介護引退〟の真相

僕は、このラジオ波を使った施術を、一人の女性スタッフAに徹底的に教え込みました。確かに彼女は、もともとエステティシャンの経験もあり腕は悪くなかったのです。けれども結果、このAに振り回されることになってしまいました。それは全て、経営者として僕の未熟さゆえに起きたまさに人材マネージメントの失敗だったのです。

まず最初の失敗は、Aの経歴を僕が大げさに盛って、VIPのお客さんに紹介してしまったことです。「知る人ぞ知る存在で、うちに来てもらった」などと言ってしまいました。当然、お客さんから寄せられるAの信頼は上がります。

そして第二の失敗は、次々辞めていく従業員の声を聞かなかったことです。Aは、自分の技術を誰にも教えたがらず、僕がいくら面接をして新しい人を入れても、いじめ抜いて辞めさせてしまうのです。

けれども僕もその頃、芸能界と二足のわらじをはいているため、忙しくてじっくりと店の問題にむきあわず、Aの言い分だけを信じてしまっていたのです。そのため、Aがいないと店が回らないという悪循環に陥り、僕は、Aに依存していくことになるのです。

何人目かの新人が辞める時に「Aさんには気をつけてください」と忠告もされました。僕自身もAの問題を気づきはじめていたのですが、なんせVIPの予約が入ってきてしまうのと、その頃には、Aの売り上げが全店舗でトップになっていたために、切るに切れなかったのです。けれども今考えれば、その営業はAがやっていたわけではなく、僕自身の繋がりから来てくれていたお客様だったので、例えば、一度店を休業してAを解雇し、一から人を育ててやり直せば良かったのです。

そして第三の失敗は、加圧をはじめた初期メンバーからもAのクレームが起こり、「私たちが辞めるか、Aを辞めさせるか」という揉め事が起きたのですが、僕はこの時も失敗して、目先の売り上げをとり、ラジオ波をやってくれていたAを残してしまったのです。こんなに苦しめられているのに、なまじラジオ波の方は来てくれていたお客さんがVIPだったことで、自分にも見栄があり、やめられなかったのです。

こうして、二〇一三年には一度、加圧とストレッチのお店を閉店することになりました。

Aが入ってきてから、辞めていった従業員は実に十四人にも及びました。任せてはいけない人に、任せてしまう、そのゆがみが僕を苦しめていきました。

この加圧とストレッチのお店を閉めた時、元妻の礼子に「もう全部辞めたら？」と言われていました。というのも、この頃本当に悩んでいて、家でイライラしていたり、時々は店のことを相談もしていたので、彼女もなんとなく様子は理解していました。そしてAの問題も冷静に把握していて、一度彼女と離れリセットした方が良いという意見を持っていました。のちのち〈あの時辞めておけば……〉と後悔で苦しむことになります。

当時の僕の心境を今振り返ると、Aと僕は完全に共依存にあったと思います。僕は、この時儲かりもせず、赤字で自分の貯金や、芸能界での収入まで突っ込んでも辞めずにいたのは、単なる意地というか〈こいつにわからせてやる〉〈こいつをギャフンと言わせてやる〉というパワーゲームから降りられなくなっていたのです。依存症の世界を知って、この共依存について学んだ時、まさに当時の僕とAの関係そのものだと思いました、

そしてこの後「神風」が吹いたかと思うある人との出会いがあったのですが、それがいつの間にか竜巻の突風になり、僕はまっさかさまに叩きつけられることになったのでした。

二〇一四年、紹介でもなんでもない全くの偶然で、某大手エステのチェーン店の代表の奥様

がお店に来てくださっていたのです。そしてラジオ波の施術を気にいってくださり、話はトントン拍子に進んで、そのエステチェーン店で僕の施術を導入する話が進んだのです。

僕は、〈これで起死回生が図れる！　しかもこれは一発逆転満塁ホームランだ！　まさに神風にも等しい〉くらいの気持ちに舞い上がりました。

二〇一五年の二月には決起集会がハワイで開かれ、僕は意気揚々としていました。

僕の施術が認められ、ブランド化される！　それは嬉しいことでした。

ただこの大手エステチェーン店に、技術導入するためには、とにかくスタッフを育てなければなりません。大手チェーン店のことですから、従業員教育だけでもとてつもない一大事業が始まりました。

そこでエステ側の関係者と相談した時に〈二兎を追うものは一兎も得ず〉と言われ、僕はしばらくの間芸能界を休業することになったのです。しかも、自分の側の人間には誰にも相談しないまま、きちんと契約書も交わさず、契約金も何も貰わないうちに、先方のことを親友のように「人情」を感じ、「けじめ」をつけようと所属する芸能事務所に休業の了解をとりにいってしまったのです。

事務所には快く了承してもらいましたが、〈さてこれでエステに打ち込もう〉とした矢先になぜかマスコミに出てきたのが「介護引退報道」だったのです。

僕と彼女は〈なんでこんな話になったのだろう?〉と???という感じだったのですが、勝手に美談のように語られていたし、〈別に、まぁいいか〉という感じで、あまり気にもしていなかったのです。のちのちこの誤報道で、自分がますます叩かれるなど、もちろんこの時は思ってもみませんでした。

僕は、自分の事業を全部この大手エステに継承し、やっとAから離れられるとホッとしました。ところが、僕が、介護引退と報じられた、翌月、このエステの代表のスキャンダルがマスコミにリークされ、雲行きがあやしくなったのです。

人材育成も事業も途中でストップしてしまいました。代表とも何度もやり取りをしているのですが「大丈夫です。必ずこの事業はやりますが、いまちょっとバタバタしているので少し待っていてください」と言われ、僕はただ待つしかありませんでした。そして二カ月もすると代表とは一切の連絡が取れなくなってしまいました。

この事件後、やっと離れられると思ったAと最悪の状況になっていきます。税理士によりAの使いこみが発覚したのです。するとAは僕のあることないことの悪口をVIPのお客に吹き込み、そのうちの一人のお客を出資者として、独立して行ったのです。

僕は、経営者として未熟だったゆえに、たった一人の従業員に振り回され、よかれと思って舵を切った方向が、全て間違っていたのです。

そしてすべてを失った……

僕が、エステビジネスに手を出した二〇〇六年頃、ある女性と共通の知人の誕生日会で出会います。それが僕と一緒に逮捕され愛人と言われたIです。

僕と元妻が共通の趣味としていたものの一つにカーレースがありました。彼女は元々レーサーでしたし、僕も、某チームの監督を務めていました。そのため、レース関係の知人が沢山いました。Iと出会った時「私、レースクイーンなんです」と自己紹介され、チーム名を聞くと、僕もよく知っているチームで「へぇ、俺そこなら知り合いが沢山いるよ！」などと他愛ない話をしました。その時は、本当にパーティですれ違った程度の人でした。

翌二〇〇七年、今度は友人の主催したゴルフコンペで再会しました。この時も「久しぶりだね！」「俺、加圧スタジオやってるから今度レースクイーンの友達と来てよ」などと挨拶程度の話をしました。するとIは、僕がいない時に本当に店に来てくれたとスタッフから報告を受けました。

そこからまたずっと会うこともなかったのですが。翌二〇〇八年にまたゴルフコンペで再会し、この時にＬＩＮＥの交換をしました。

このＬＩＮＥ交換後、僕はＩに連絡を入れ、ゴルフの打ちっぱなしに誘いました。練習を終え、食事に誘いお酒が入り、僕らは関係を持つようになりました。

その後、月に一回くらい会うようになりました。もちろん食事だけの時もありましたし共通の友人らと騒いで帰る時もありました。Ｉと関係を五、六回持った後でしたでしょうか。だんだん打ち解け仲良くなっていき、お互いの秘密の話もするようになりました。そこで二人とも過去に薬物の体験があることがわかり「今度、久々にはじけようか！」と盛り上がってしまいました。

そして次に会う時に僕は薬物を手に入れ、Ｉと会ったのです。ずっとやめていた薬物でしたが、芸能界に入る前の友人に連絡をしたら簡単に手に入ってしまいました。そして何年かぶりに手に入れた薬物を二人で使った時に、薬物による快感が再びよみがえってきました。

お互い忙しいのでそう頻繁には会えませんし、もちろん毎回薬物を使うわけでも、関係を持つわけでもなかったのですが、なんとなくその後も時々会っては薬物を使う関係が続いていきました。

二〇一三年頃、僕に、薬物をやめられる最大のチャンスが訪れました。それまで薬物を回してもらっていた友人にまた「持ってる？」と電話をすると彼は「僕、もうやめたんですよ」という返事がかえってきました。「おー、そうか！　ごめん、ごめん」ということで電話を切り、Iと会った時もこれでもう手に入らなくなったことを伝えました。

するとIは意外にも、「安く入るルートがあるわよ」と言ってきたのです。けれども僕は「それ、危ないやろ。もうやめんか？」と一度は言いました。けれどもIは「大丈夫よ別に。それにハマってるわけでもないし」と答えました。

今ならわかるのですが、「ハマっているわけではない」と言って、やめようとしない人間は十分にハマっているのです。けれども僕も、〈まぁそうかな？〉とその時にきっぱりと「やめよう！」と言い切れなかったのです。こうして薬物をやめる最大のチャンスを逃してしまいました。

さらにこの頃、僕はエステの泥沼人間関係でもがいており、相談相手がIしかいないこともありました。僕は、自分のマネージメントやマーケティングといった経営手腕のなさを、「若い子の気持ちがわからないからうまくいかない」と勘違いしており、Iを相談相手に選んでしまっていたのです。

考えてみれば一緒に薬物をやっている女性を、人生をかけた仕事の相談相手に選ぶこと自体間違っていたのですが、ここでも「任せてはいけない人に任せる」という失敗を犯すのです。

しばらくしてIと会った時に「ちょっと分けてもらったの」と言って薬物を持ってきました。この時、僕ははっきりと「大丈夫か？　これはやばいことになるのでは？」と恐怖を感じました。けれどもここでもまた薬物の魔力、そして何よりも情に負けてきっぱりと断ち切れず、この後もIが調達してくる薬物にずるずるとハマっていくのです。

この時、十八歳も年上だった僕が、若いIにきっちりとやめることを提案していたなら、Iの人生も変わっていただろうと思うと、本当に申し訳なく思っています。

それでも当時はまだ芸能界の仕事をしていましたから、もちろん仕事がある時など薬物は使えません。よく誤解されるのですが、仕事中にそんなものを使っていたらセリフなど覚えられるはずがありません。

また、元妻が家にいる時も薬を使ったりできませんから、偶然に二人のタイミングが合った時だけで、それほどしょっちゅう使えるわけもなかったのです。

僕とIが頻繁に会うようになったのは、芸能界を休業した二〇一五年の秋以降、大手エステチェーン店との業務提携がダメになり、Aの使い込みが発覚し、VIPのお客を根こそぎ持っていかれてしまった頃からです。

その時の僕は、まさに深い底なし沼に落ち込んだ状態にあり、出口が見えなくなっていました。なんとかAを抜きにしてもう一度従業員を育てなおし、やり直そうと思っていたのですが、悔しさやストレスがあまりに大きく、Ｉとの薬物関係でそれを忘れようとし、今度はＩとの秘密を持ち合う関係の恐怖から、ますます不安に陥り、薬物を使って忘れるしかないという悪循環に陥っていました。

マトリに踏み込まれた時「来てくれて、ありがとうございます」という言葉は、〈すべてこれで終わった〉と茫然自失の気持ちとともに、これで何もかもから解放されるという安堵の気持ちがあったのです。

二〇一六年六月二十四日、僕は、マトリにより大麻と覚せい剤の使用と所持の罪で逮捕されました。

けれども本当の地獄というのは、「ここがどん底だ」と思ってもまだまだ続くのです。

第六章

生き直す

自分の役割

依存症は「否認の病」

逮捕から三十五日後の、二〇一六年七月二十九日、僕は勾留されていた警視庁湾岸署から保釈されました。

保釈から二、三日後だったと思いますが、まえがきでも述べたように松本俊彦先生の診察を受けました。松本先生の診察も、最初の頃は「ついに精神病院に来てしまった」という、無知だった僕の偏見が邪魔をして「これから何が起きるのか？」と、緊張感でいっぱいでした。

松本先生は薬物依存症の第一人者で僕の他にも、清原和博さんや、ピエール瀧さんの主治医としても有名で、全くお医者様に見えないスタイリッシュでかっこいい先生です。身長は一八二cmある僕より高くてルックスはモデルのようです。

松本先生は、開口一番、

「大変でしたね」

と声をかけてくださり、事件以降、「罵倒」「叱責」「嘲笑」「誹謗中傷」しか経験していなかった僕は、当然医師にも叱責されると思っており、この意外な言葉に思わず涙してしまいました。最初の一、二カ月は正直感情の起伏が激しく、僕自身が混乱していて先生が何を話してくれていたのか？　とにかくよく自分が泣いていたことしか覚えていません。

じっくりと依存症について話が聞けるようになったのは、二〇一六年九月十五日に、懲役二年執行猶予四年の判決が出て、裁判が終わってからだったと思います。

「高知さんは〝薬物依存症〟という病気です。だから、治療して、回復を目指さなければなりません」

と松本先生に言われた時、僕は「病気？　いえ、僕は自分が甘かっただけで、病気なんかじゃありませんよ」と返しました。若い頃に薬物に手を出した後、芸能界に入ってからずっとやめていたし、今回たまたま捕まっただけという思いが強く、「やめようと思えばやめられたはず」と自分自身が一番根性論・精神論を信じ疑っていませんでした。

依存症は「否認の病《やまい》」と言われますが、自分で自分の病気を認められない症状があるのです。例えば、他の病気のように血液検査や、試薬による検査で病気に罹患していることが目に見えたら誰でも認めることができるでしょう。けれども、依存症はまだそこまで医学が進んでいません。

また日常生活や仕事も普通にできて、他の社会のルールは守れる自分が、アルコール、薬物、ギャンブルのコントロールだけが効かなくなると言われても、「そんなばかな」と実感できません。時々はやめられることもまた否認に繋がります。問題は「やめつづけることができない」ところにあるのですが、場合によっては年単位でやめられてしまうので、ますますわかりにくくなっています。

こうして最初は「病気です」「病気じゃない」を繰り返していた僕ですが、ある時松本先生から、「高知さんは、実際に捕まるまでやめられなかったんですから、病気ですよね」と言われてはっとしました。〈そうか、自分でもマズイと思っていたし、責任ある立場で、ましてや大事な妻は有名女優。どう天秤にかけても『薬物』と引き換えにして良いものじゃなかった。それなのにやってしまったってことは、病気だったのか!〉と、この時心の底から腑に堕ちたのです。

自助グループの存在

逮捕されてから、最初の一年は残務処理に忙殺され、何が何だかわからぬうちにあっという間に過ぎてしまいました。エステを再興しようかという話もあったのですが、やってみるとお客のフリをして記者が紛れ込んでくるので、従業員が怖がりそれも不可能になりました。当時、僕の周りには松本先生以外は依存症に詳しい人も、支援に関わっている人もいなかったので、ただただひきこもっているしかありませんでした。

なんとか〈腐っちゃいけない〉〈何か気がまぎれることをしなくては〉と自分で自分をマネージメントして、タップダンスを習ったり、ギターを練習してみたり、作詞に挑戦するということをやったりしていました。また、年に一～二回は僕を応援しようというありがたい友人・知人たちが、僕にライブのチャンスをくれて、僕は、歌という新しい分野でなんとか人との関わりを繋いでいるような状況でした。

けれども膨大な時間と、先行きの見えない不安感を一人で闘い続けることは不可能で、僕はもう「死んでしまおう」と思う日々が続いていました。こんな生と死のはざまでもがいているときにＴｗｉｔｔｅｒで繋がったのが、「公益社団法人・ギャンブル依存症問題を考える会」で代表をやっている田中紀子さんだったのです。

僕は最初、田中さんが僕を引っ張り出そうとする力に激しく抵抗していました。とにかく世間が怖くて、〈せめて執行猶予が明けるまではじっとしていよう〉と固く誓っていました。自業自得なのですがさんざん叩かれているので、心がボロボロに傷だらけの血まみれになっていたので、これ以上は小さな傷でももう耐えられない状況になっていたのです。

でも田中さんは、多くの依存症者とその家族と関わってきた経験からか、これ以上ないくらい毒舌で、人の心にグサっと切り込みを入れたかと思うと、バァーっと心の扉をこじ開けてしまうような、不思議なパワーがある人だったのです。

僕は当時周りの人から言われる、〈執行猶予が切れるまでじっと我慢しろ〉〈執行猶予が切れたら仕事をまわすよ〉という言葉を信じるしかない状況でした。

今考えたら、ただ単に問題を先送りしていただけなのですが、自分自身どう動いていいか、怖さが先に立ってわからないので〈とにかく執行猶予明けまで頑張ろう〉と自分に語りかけるしかありませんでした。

ところが田中さんは「何言ってるんですか！　高知さんの執行猶予が切れる日なんか誰も気にしちゃいませんよ！」とか「今、何もしてくれない人たちは、執行猶予が切れてもどうせ何もしてくれませんよ」と、夢も希望もプライドも一刀両断にぶった切るようなことを平気で言う人なのです。

「何なんだこの人!?」と正直面食らいました。言い方は悪いですが、全くものおじしないし、なんとか問題を考える会なんて、超やばそうな政治組織のような気もするし、聞いたこともない団体だけど、ホームページをみると、ローマ法王と謁見していたり、国会で参考人に招致されていたり、この人の正体はなんなんだろうと疑心暗鬼でした。そしてグサグサと心に矢が突き刺さるのですが、なぜか最終的には〈この人の言うとおりにしてみようかな?〉と思ってしまうのです。

まずこの超強引な同い年の女性にひきずられるように僕は、二〇一九年三月二十日「Japan《ジャパン》 In-depth《インデプス》」という、ネットメディアのニコ生番組に出ることになりました。田中さん曰く、「高知さんの経験を語ることが財産になります。大丈夫です。ジャパンインデプスの編集長の安倍さんは依存症に理解があるし、私がお付き合いさせて頂いている信頼できる方です。松本先生にも出て頂きましょう!」

と、忙しい松本先生まで捕まえてさっさと話を決めてしまいました。

ところがこの直前の三月十二日にミュージシャンであり、俳優でもある人気芸能人のピエール瀧さんがコカイン使用の罪で逮捕されてしまったのです。世間はこの事件一色に染まっており、連日報道が過熱していきました。こんなタイミングで久々に人前に出ると思うと、僕は、怖くてしかたありませんでしたが、田中さんが「まぁ、大丈夫じゃないですか?」と言うので、おっかなびっくり出演することになりました。この番組は、松本先生、安倍編集長、田中さんに守られていたので、なんとか事件後初めて自分の口で薬物問題を語ることができました。ニコ生ということで厳しいコメントは覚悟していましたが、案外「頑張れ！」「応援しているゾ」という言葉も多く頂けたことに驚きました。

「高知さん、すっごくよかったですよ。正直な話で、見ていた人、依存症のこと良く分かったと思いますよ！」と、お三方も褒めてくださり、僕は安堵の気持ちと、久々に温かさを味わうことができました。

その後、田中さんは「高知さん、同じ依存症の仲間が集まった自助グループに参加しません？　依存症の回復には自助グループって不可欠なんですよね」と度々言ってくるようになりました。当時の僕は「こんな話を見ず知らずの人に話すなんてリスキーだし絶対に嫌だ。田中さんに話しているんだからいいじゃないですか」と頑なに拒否していました。すると田中さんは「そうですか〜」とそれ以上は無理強いせず、不敵な笑いを浮かべていました。

僕が、ニコ生に出ると今度は某テレビ局の報道番組から田中さんを通じて出演オファーがありました。なんでもかつて田中さんにギャンブル問題で取材した知り合いだとかで、僕は気乗りがせずグズグズ言っていたのですが、田中さんは「どっちでもいいですよ〜」と言いながら、「じゃあ、まぁ番組スタッフの話を聞いてみましょうか！」と、またひとりでスタッフとの面会を決めてしまうのでした。そして会ってしまうと僕はまた嫌と言えず、ずるずるひきずられるように出演オファーを受けてしまうのでした。

どうもまんまと田中さんの作戦にはめられているような気がして、僕は撮影当日非常に不機嫌でした。迎えに来てくれた田中さんに「あぁ今日は憂うつだ。本当に嫌だ」とずっと文句を言い続けていました。

しかもこの撮影の前に、依存症の仲間と会って食事をしようという企画が入っていたのです。僕は、この強引さに耐えられない気がしながらも、でもあの鬱々と沈んだひきこもり生活よりはマシのような気がするし、頭の中で〈どうすればいいんだ！〉と葛藤が続いていました。


昼食会場に着くとラッシュの所持で、医薬品医療機器等法違反で逮捕された、元ＮＨＫアナウンサー塚本堅一さんと、アルコール依存症をカミングアウトされたミュージシャンのＺＩＧＧＹの森重樹一さんがいらしてました。お二人とも自助グループに通われているとのことで、ご自身の経験を話してくださいました。ここで僕は初めて、有名人で自助グループに参加されている方々に出会うことになりました。

特に塚本さんは、有名人でありながら逮捕された僕と全く同じ経験をした方で、僕は塚本さんの話に心から共感し救われた気持ちになりました。

世界中から叩かれる感じ、自分は存在してはいけないのではないか？　という苦しさ、人間不信、対人恐怖症……事件後に僕が経験したことを、塚本さんが全部話してくれたのです。そして僕にとって重要だったのは、そこからお二人が回復し、社会復帰を果たし、ご自身の役割を見つけ、再び生き直していたことです。

〈誰にも分ってもらえないと思っていたのにこんなにもわかってくれる人がいた！〉〈この苦しみは自分だけじゃなかった〉という共感は、自分が思っていた以上に救われるものでした。けれども何よりも〈この泥沼から抜け出す方法があるんだ！〉という一筋の希望が見えたことが、事件以後初めてはっきりと感じた生き直す勇気に繋がりました。

そしてお二人は、

「高知さんが今こうして自分たちの話を聞いて希望を感じたように、高知さんの経験を今度は誰か困っている人のために役立ててください。そのためには、自助グループで自分が回復すること。そしてその経験を語ることです」

と背中を押してくれたのです。

昼食が終わる頃には、僕はすっかり気分が良くなっていました。そして取材に対しても前向きな気分になれたのです。

そしてこの時から僕は依存症のことを社会に伝えていきたいと少しずつ思えるようになりました。

「花の二〇一六年組」の誕生

この依存症を持った著名人の昼食会で、森重樹一さんが「薬物依存の著名人の自助グループを作るといいんじゃない？」と提案してくださり、僕と塚本堅一さんと田中さんで協力して、自助グループの立ち上げに動きました。

最初は、三人でミーティングをやっていたのですが、その後、同じく二〇一六年に覚せい剤取締法違反の罪で逮捕された、元ＮＨＫ歌のお兄さんの杉田あきひろさんが回復施設から卒業されたという情報が入り、自助グループに誘ったら快く来てくれました。杉田さんは逮捕後すぐに回復施設に入ったので、ある意味僕らの自助グループの先輩でもあります。

そして松本先生の勧めで、野球界のスーパースターである清原和博さんが繋がってきてくれました。清原さんというパワーのある人が繋がってきてくれたことで、僕らの自助グループはますます充実したものになっていきました。

こうして偶然にも同じ二〇一六年に逮捕された仲間たちが集まり、自助グループの仲間となったのです。

自助グループでは、〝ミーティング〟と呼ばれる分かち合いが必ず行われます。これは〈言いっぱなし、聞きっぱなし〉という珍しいルールが適用されていて、人の話を聞くときは、最初から最後までひたすら黙って聞く、自分の話をするときも誰かに質問されたり、話をさえぎられることもありません。

そしてそこで話された内容は誰にも蒸し返されることがなく、絶対に外に持ち出さず秘密を守ることが厳守されています。

このルールを聞いただけでは、「一体それが何の役に立つの？」と経験したことがない方は思うかもしれません。けれども、誰にも批難も批判もされず、安全に自分の気持ちを話せるということは、自分の感情を健康的に処理できることに繋がるのです。人の話を黙って聞くことで、自分とは違う考え方を知ることができ、自分のことをびくびくせずに話すことで、自分の深層心理や感情、考え方に自分で気づくことができるのです。

そして〈どんな時も絶対的な味方であり、自分を否定せずに受け入れてくれるコミュニティ〉がこの世に存在することで、自分の居場所ができ、心を充電する基地にもなるのです。

また、自助グループでは、ミーティングの他にフェローと呼ばれる、雑談をする時間もあります。そこで他では絶対に話せないような自分たちの体験を笑って話すことができるのです。

例えば、薬物あるあるでは逮捕されたのが〈警察か？　マトリか？〉で変な仲間意識が生まれたりします。

「あっ、俺もマトリ〜。一緒だね」

なんて、他では絶対話すことがない会話です。僕らの自助グループでも清原さんに、

「清原さんは逮捕されたのはマトリ？　警察？」

と聞くと、清原さんが、

「僕は組対五課です」と答えたので、

「お〜、組対五課って聞くとなんとなく『さすが大物』って感じがするね〜」

などと皆で冗談を言い合ったりしました。

こういうことを聞くと、不謹慎だと思われる方もいらっしゃるかもしれませんが、回復において「ユーモアのセンスを取り戻す」ということは、非常に重要なこととされています。

自分の辛かった経験をいつまでも引きずり、後悔や恥ずかしさでいっぱいになっていると、そのことで自分を責め続け苦しくなり、忘れるためにまた薬物が必要になってしまいます。

だから安全な場で自分のことをどんどん話し、自分の過去が笑って話せるようになるくらいになれると、自分責めが止まり、再発リスクが下がるのです。

日本では、自助グループのことがほとんど知られていません。ですから事件を起こしても

〈黙して語らず〉が当たり前で、ましてや〈事件を起こした者同士が一緒に会っている〉などと知れたら、大バッシングが起こる可能性すらありました。

けれども、ここ数年厚生労働省をはじめとして、依存症界の方々が熱心に啓発活動をすすめだいぶ理解されてきました。僕らも、半信半疑でしたが、始めてみたら〈これは効果がある!〉と実感しています。

実際、世界的に見ても自助グループは依存症の回復者を最も輩出しており、むしろ海外などでは、有名人が薬物問題を持っていたら、自助グループやリハビリ施設に繋がることが当然と思われています。〈自力で、根性でやめる〉というのは信用されません。

チャカ・カーンやイーグルスのジョン・ウォルシュ、エミネム・エルトンジョン他、多くのアーティストたちも、自助グループメンバーであることを公表しています。僕たちの役割は、海外アーティストのように、回復し続け、回復の素晴らしさや自助グループの必要性を伝えていくことだと思っています。

こうした想いを四人が共通認識として持つようになったら、逆に、助けの手を差し伸べてくれた松本先生ら依存症界の皆さんから「やはり、有名人の発信力は全く違う。マスコミが取り上げてくれるので本当に良い啓発になる」と、感謝すらされるようになったのです。

そしていつしか僕らは「花の二〇一六年組」と呼ばれるようになりました。

恥を「価値」に変える

こうして取材を受けたり、自助グループで自分の回復に取り組み、自分のことを正直に話す訓練が積まれていき、僕と、田中さんは「たかりこチャンネル」という依存症の問題をわかりやすく伝えるＹｏｕｔｕｂｅチャンネルを始めました。依存症の問題は、ただでさえ〈他人事〉や〈暗い話〉としてとらえられがちで、〈自分事〉として考えてもらうことがとても大変です。これをいかに興味を持ち、知ってもらうかが今の僕らの課題となっています。

こんな風に、少しずつ発信を始めると、今度は田中さんから「高知さん、講演やりましょう！」と言われました。僕は〈講演？　何を話すんだ。俺にはまだ他人様に話せることなどないゾ〉と思い、「いや俺、まだ回復途上だし、何話したらいいかわからないです」と必死に断りました。すると田中さんは「いいじゃないですか。今の高知さんの気持ちを話せば充分ですよ」「これまで私が聞いてきた、高知さんの経験を話すだけで内容はあるし、恥を価値に変えるんです」と言われました。

〈恥を価値に変える？〉僕はこの新しい考え方に戸惑いました。すると田中さんはこんなことを言いだしました。

「高知さん、『小学生のうんこ理論』って知ってます?」

と言うので、もちろん僕はそんな奇妙奇天烈な話は聞いたことがなかったので「知らない」と答えました。すると田中さんは、

「小学校の時、男の子って『大』のトイレに入るの恥ずかしくなかったですか? うんこしてるのがバレるじゃないですか。だから皆、必死に隠そうとしてきた。女子だってそうです。学校でうんこしてるのなんかバレたくない。でも、クラスにいませんでした? 授業中堂々と『先生、うんこしてきていいですか』って手をあげる男子。皆、『あはは!』って笑うんだけど、心のどっかで『すげ~なあいつ』って、その勇気と正直さを尊敬してませんでした? まっ!依存症の当事者の啓発ってそんな感じですね」

と言うのです。

僕はこのわかったようなわからないような『うんこ理論』を聞かされて、

〈俺は、小学生か!〉〈俺の話は、うんこと同じか!?〉

という思いもありましたが、妙に納得もしてしまって、また結局やってみることになったのです。

最初の講演は、福岡県久留米市で行われました。僕は、何を話すか頭が真っ白で、とにかく

事件後孤独だったことや、薬物に手を出したきっかけ、さらには生い立ちについても思いつくままに話しました。良いんだか、悪いんだか、とにかく講演など生まれて初めてやるので、さっぱりわかりません。

ところが講演会が終わると、多くの人が駆け寄ってくれ口々に「すごくよかった」とか「泣いちゃった」とか「応援してます。頑張って！」などと声をかけてくれたのです。

医者のように病気の仕組みが話せるわけでも、回復について語れるわけでもありません。とにかく今の自分をありのままに等身大に語っただけなのですが、それを皆さん良いと言ってくれる。これが〈恥を価値に変えるということなのか？〉と自分が目指していくべき方向性が少し見えたような気がしました。

その後、松本先生や田中さんらが委託を受けている、文部科学省の「依存症予防教育推進事業」で講演をしないか？　と誘われました。

これは、アルコール、薬物、ギャンブル、ゲームの支援に関わる専門家が一人ずつ講演をするのですが、僕には体験談を話さないか？　という依頼でした。しかも、今年は岡山県、石川県、そして僕の故郷高知県で講演をすることになっているというのです。高知県での講演はハードルが高かったのですが、僕は、故郷高知に謝りたいと思う気持ちが強くあり、思いきってこの依頼も引き受けることにしました。

故郷での謝罪

僕は、今でも地元高知県が大好きです。生い立ちには様々な障害がありましたが、辛い中でも自分なりに精一杯に生き、そして何よりも熱い青春を仲間と共に過ごした思い出は、今も僕の心の中で色あせることがありません。高知県出身であること、自分が「土佐の男」であることを、どれだけ誇らしく思ってきたことでしょうか。

それなのによりによって芸名に「高知」を名乗る自分が、高知県を汚すような真似をしてしまったことは、本当に申し訳なく、あわせる顔がないと思ってきました。

事件後に、一度だけ帰省したことがあります。地元の仲間から僕の先祖の墓の写真がＬＩＮＥで送られてきて、「丈二さん。お墓が草ぼうぼうですよ」と入ってきました。意気消沈し、ひっそりとなりをひそめて生活していた僕を気づかってのことでしょう。僕は、その仲間の優しい配慮が嬉しくて、やっと帰省を決意しました。

親しい仲間が集まってくれて、食事会をしたのですが「みんな、ごめんな」と僕が謝ると、「丈二、何言ってんのや。謝ることなんかない！　俺らこれからも応援するき！」と言ってくれました。

けれども僕は、やはり申し訳なくて、カッコ悪くて、情けなくて、惨めで、仲間以外には誰にも会わず、帽子を深くかぶり、目立たぬようにこっそり行って、こっそり帰ってきたのでした。

そんな思い入れのある故郷高知にまさか講演に行くことになろうとは、全く思ってもいない出来事でした。

そして高知県の講演では、岡山県、石川県ではなかったことがいくつか起こりました。

まず一つ目は、地元高知県で最も読まれている「高知新聞」からイベントの告知以外に特集を組ませて欲しいと依頼があったことです。その時は、有難い申し出と思い、もちろん快諾しました。ところが高知からわざわざ来てくれた女性記者さんの綿密な取材をうけてみると、この取材記事は、生い立ちから薬物使用そして現在に至るまでを連載記事にすることを考えているとのことだったのです。

僕は、まさか地元「高知新聞」で生い立ちについて掲載される日が来るとは思ってもみなかったので心底困ってしまいました。しかも記者さんは、父親が侠客だったこと、母親がその愛人で、自殺していることをはっきりと記事の中で書きたいというのです。

これは今までずっと隠し続けてきたことであり、もちろん芸能界に入ってからも一度もマスコミに出していません。僕は記事にしても良いのかどうか、判断がつきかねていました。

僕の、苦悩を察知し田中さんも記者さんに「いやいや、今回のイベントと生い立ちは関係ないですよね？」と喰い下がってくれたのですが、この若い記者さんは一向に引き下がらず、「いえ、すべてを書きたいのです」と言うのです。〈参ったなぁ〉と思っていたのですが、記者さんが一言「でも、高知では皆もう知ってることですよ」と、あっさり言ったのです。

この一言で、まさにへなへなと膝から崩れ落ちる感じがして、「あっ、そうなんや〜」と苦笑してしまいました。もちろんある程度の人には知られているとは思っていましたが、それでも自分ではどうにもならない自分の出生の秘密を、なんとか隠そうと必死になってきたのに、やっぱり高知の人は知ってたんや！　と思ったら、逆にすっきりして「じゃあ、まぁいいか！」と、おちゃらけて言いました。するとそこにいた皆で爆笑になりました。こうして僕は、初めて公に侠客の愛人の息子であることを明らかにしたのです。今となっては、世間に隠し事がなくなり、楽になれ、記者さんに感謝しています。

こうして高知新聞で、セミナーの告知と、僕の七回にわたる連載、そして講演後の特集と大きく扱ってもらうこととなりました。

二つ目の想定外の出来事は、この高知新聞の反響が予想外に大きかったことです。イベントの数週間前にすでに会場のキャパを超える予約が入ったとのことで、急遽会場を倍の広さに変更をしたのです。田中さんら主催者は、東京、大阪といった大都市ならともかく、地方都市でこのようなことは初めての経験だそうで、準備に大わらわとなっていました。

僕は、これを地元の人の応援なのか、地元の人の怒りや批難の表れなのか、どちらか判断がつかず、複雑な心境で事態を見守っていました。

そして三つ目は、当日の様々な出来事です。

まず、イベント開始前から、高知県選出の衆議院議員 中谷元先生が駆けつけてくださいました。防衛大臣まで務められた中谷元先生は、もちろん高知では有名な方ですが、なんと二〇一三年に成立した、「アルコール健康障害対策基本法」に尽力してくださった「アルコール問題議員連盟」の会長でいらっしゃるとのことで、実は、依存症問題に大変詳しい方なのだそうです。

そしてその法案の窓口を務めた、日本で最初の依存症自助グループ「全日本断酒連盟」はここ高知県から始まっていることも教えてもらいました。地元高知県がこのように依存症に深く関わり、しかも対策推進の先頭を切っていたことなど、僕は全く知りませんでしたが、自分自身が依存症となり、先人たちの苦難の道を知ると、なんとも誇らしく、そして自分の運命の様なものを感じました。

中谷元先生と、講師の皆さんと昼食をともにさせて頂いたのですが、中谷先生は気さくにお話しくださり、なんとご実家は僕の生まれ育った祖母の家の近所で、幼稚園の先輩だったことも判明しました。そして、僕の地元の仲間が用意してくれた、高知の名物「芋天」や「都まんじゅう」など地元の味を〈やっぱり美味しいね〜！〉と皆と一緒に味わってくださいました。

いよいよセミナーの時間がやってきました。会場に移動すると、キャパいっぱいに来場者が入っていて、さらに正面と両隅はマスコミのカメラや、取材陣でぎっしりと埋まっていました。僕は、事件以来初めて地元高知県の皆さんの前に立って謝罪するのかと思うと、一気に緊張感が高まっていきました。予定通りセミナーが進み、いよいよ僕の番が回って来ました。

舞台に上がると、壁に「高知東生さん、お帰りなさい！　みんな待ってましたよ」と横断幕が張られていたことに気づきました。僕は、それを見た瞬間、ありがたい気持ちと、申し訳なさでいっぱいになり、「高知に、帰って来れました」と一言目を発した瞬間、涙があふれ言葉に詰まってしまいました。「みなさん、本当にすいませんでした」と頭を下げたら、会場から拍手を頂きました。

そしてこの時初めて僕は自分の口で、任侠の男の愛人の息子として育ったこと、でも高知の街で言われていた、中井啓一の本当の息子ではないこと、母が自殺したことを話しました。これを初告白することは非常に勇気のいることでした。

けれどもこの後、特に何の反響もなく、拍子抜けするほど皆気にしていないようでした。僕はホッとすると同時に、自分を苦しめてきた〈中井啓一の息子〉という烙印が遠い過去になったことを、はっきりと知ることができました。

この時の講演会の模様は、終了後すぐにNHKをはじめ高知の地上波すべての夕方のニュース番組で報道されました。どこのニュースも好意的に取り上げてくれ、僕は、故郷で謝罪を受け入れてもらえたような救われた気持ちになりました。

「愛人・薬物・ラブホテル」のスリーカード

二〇一九年九月には、「依存症予防教育アドバイザー」の資格を取得しました。この資格は、特定非営利活動法人であるＡＳＫ（アスク）が認定しているもので、依存症の「正しい知識」と「回復の実感」、予防に必須の「ライフスキル」を伝える人材を養成することを目的にしています。

とくに、依存症の回復に確かな実感を持った「当事者・家族・支援者」が予防の専門家である「依存症予防教育アドバイザー」となり、活躍していくことを後押ししようということで作られた資格で、まさに僕にうってつけでした。

講習の最後には、筆記試験もあり僕は、人生でほとんどやったことのない試験勉強を一生懸命やり、なんとかかんとか合格できた時は、本当に嬉しかったです。


自助グループで仲間になった僕たち「花の二〇一六年組」は、四人揃って二〇二〇年三月一日に、厚生労働省が主催する「依存症の理解を深めるための啓発イベント」に参加しました。

このイベントのオファーがあった時、最初は「薬物問題を起こした人が一堂に会するって理解されるのか?」と少し心配になりましたが、ファシリテーターが、松本先生と田中さんと聞き安心感もあり、逆に〈自助グループ〉や〈仲間の大切さ〉を多くの人に伝えられるのも自分たちしかできないことかとも思い引き受けました。

イベントは、新型コロナウィルスの影響で、無観客でYoutube配信となり、取材陣のみが会場に参加するという方式がとられました。

実際この四人が揃って登壇することは、マスコミ関係者の関心をひいたようで、当日は多くの記者が集まりました。次々と焚かれるフラッシュに、僕たちは小声で「逮捕された時のこと

◉2019年度厚生労働省　依存症啓発事業に花の2016年組が登壇。
左から、松本俊彦氏、塚本堅一氏、清原和博氏、杉田あきひろ氏、
高知東生、田中紀子氏。

がフラッシュバックするね」などと、冗談を言い合いました。普段の自助グループのような雰囲気でイベントを行いたいという主催者側の意向もあり、僕たちもリラックスして臨みました。

このイベントで僕は、「愛人・薬物・ラブホテルのスリーカードですから、どうしようもない最低ですからね。心地よく反省できました」と言ってみたら思わず会場から爆笑が起きました。


この「正直に話す」という自助グループで学んだ新しい生き方にはいまでも戸惑うことがあります。芸能界は文字通り「芸」を売るところであり、むしろありのままの自分を隠していく方が身のためだと思ってきましたし、周囲の人たちもそう信じてきたと思います。また、ファンの方や一般の方々も、同じような思いを抱いているのではないかと思います。

今でも、芸能人が政治的発言や、自分の思想を語ると叩かれることがありますが、これなどは芸能人には現実感を求めていない、という気持ちの現れではないでしょうか。

僕も世間から見るといつの間にか、任侠の男のように力を誇示する男か、女好きのナンパ師のような男のイメージがついていたようで、それを僕自身甘んじて受け入れているようなところがありました。高知東生を演じていたのです。

けれども最近はＴｗｉｔｔｅｒなどの発信でも、高知東生と大崎丈二を一致させていくように努力したら「そっちの方がいい」「昔は嫌いだったけど、今は好きになった」などと言われるようになったのです。

俳優としてはどんな役でも演じれるようになりたいですが、僕自身の言葉で発信する時は、もう色々計算して自分を演じるようなことはやめようと思っています。そうしていかないと、僕の心の健康が保てないと思ったからです。

12ステッププログラムに取り組む

最初に会って、話をしたとき、田中紀子さんに提案された、もう一つのことである、〝12ステッププログラム〟にも、僕は取り組むようになりました。

〝12ステッププログラム〟は、共にアメリカ人である、証券マンのビル・ウィルソン、外科医を職業としているボブ・スミスの二人が確立した、依存症からの回復を目指したプログラムです。

ビルとボブは、アルコール依存症者同士でもありました。彼らは、アルコール依存症になった人々による〝自助グループ〟「アルコホーリクス・アノニマス（ＡＡ）」を創設し、そのＡＡで行う回復をめざす道筋として、〝12ステッププログラム〟を発案しました。

やがて、〝12ステッププログラム〟は、アルコール依存症だけでなく、薬物依存症、ギャンブル依存症などにも用いられる、世界で最も依存症者を回復されたプログラムとなっていったのです。

ビルとボブが作り上げた12のプロセスには、「神」という単語が多く使われているのですが、これはキリスト、アラー、釈迦といった具体的な宗教の創設者ではなく、「自分を超えた偉大な力」という意味を持っています。

〝12ステッププログラム〟は全て重要なのですが、僕が最もつまづいたのはステップ四の「自分自身の棚卸し」と呼ばれる部分です。

元来「棚卸し」という言葉は、商店などで在庫の数、品質を調査、確認し、資産価値がどの程度あるかを計算するという意味で使う経済的な用語です。一方、依存症からの回復を目指す〝12ステッププログラム〟で使う「棚卸し」は、これまで自らが生きてきた道筋を振り返り、「いまの自分がどういうことで形成されてきたのか」を理解するという意味です。

つまり自分自身の過去と向き合っていき、その上で依存症になった要因を突き止めていくというわけです。

具体的には、「恨み」「恐れ」「性の問題で傷つけた人」「傷つけた人」について〈誰に何をやらかしたか？〉過去を全て書きだしていきます。その上で、その次のステップ五では、書きだしたことを他の誰かに全部見せて話すということをするのです。

これはきつい作業でした。

そもそも当時はまだ自分の過去など振り返りたくもなかったですし、過去の出来事が現在の自分の人間形成に影響を受けているなどと思いたくもなかったのです。そんな誰かのせいにするような真似は卑怯だと思っていたし、生い立ちのせいにもしたくなかったし、何よりも全ての過去の失敗は自分の責任であってそれはもう十分わかっているから放っておいてくれ！という気持ちが強くありました。〈自助グループにつながり、もう大体わかった。もう十分じゃないか〉という抵抗する気持ちが強かったのです。

でも田中さんは相変わらず「まぁ、やってみたら自分の謎が解けて面白いですよ。とりあえずやってみましょう」と、僕の話など全然聞かないのです。その上、「私も忙しいのでさっさとやりたいから、この日までに仕上げてもらっていいですか？」と相変わらず強引に話を決めてしまうのです。

〈この野郎！〉と思うのですが、そう思って抵抗してきたことでも、やってみたら毎回良い結果がでているので、〈もしかしたら、間違っているのは自分の方かも〉とつい思ってしまい、結局いつも取り組むことになります。

こうして僕は自分の過去に向き合い、書きだす作業を始めました。

最初は「恨んでいる人」などと言われても、〈もう終わったことだし恨みなんかない〉と思っていました。何よりも自分が「恨み」などを持つ人間だとは考えたくもなかったのです。

そう思って、最低限のことをサラッと書きました。そして田中さんに見せると、

「えぇ～？　だって私が聞いただけでも、こんなこともあんなこともありましたよね？　思い出したら腹が立つし、ムカつきますよね？　そういうことちゃんと書いてくださいよ」

と説明されました。

「あと、その時は子供だったからどうにもならなかったことでも、今思えばあれは理不尽だ、ひどい仕打ちだってことがありますよね？　そういうことも書いてください」と言われました。

この時、僕は無性に腹が立ちました。

自分が一生懸命我慢して耐えてきた子供時代、その努力がすべて間違っていたと、無駄な努力だったと否定されたような気がしたのです。そしてブチ切れてしまい、メンタルがやられすっかり具合が悪くなってしまいました。

そして田中さんと回復プログラムに二人三脚で取り組んできたことも、なにもかもが嫌になってしまいました。回復プログラムは誰のためにあるのか？　僕のためじゃないのか？　そんな気持ちになり、混乱していきました。なので「とてもじゃないけど期限までに書き上げられ

ない」と言うと、田中さんは実にあっさりと「そうですか。じゃあ、期限を延ばしましょう。それと高知さんの今の感情の高ぶりや、私との関係性での悩みを他の誰かに相談したらいいですよ。私は、それを悪口とも思わないし、そうするべきです」と、どこ吹く風という感じで言うのです。僕は、ますます頭にきて、さらに混乱しました。

実は、自助グループを立ち上げた頃、「普通の人たちのミーティングも勉強しに行きたい」と僕が要望を出し、田中さんが親しくしている薬物依存症の回復施設「山梨ダルク」に三日間の研修に行ったことがありました。

この時、僕はとてもドキドキしていたのですが扉を開けた途端、あの高知でやんちゃをしていた時代がふわっと蘇ってきて、実に居心地よく過ごさせてもらうという経験をしていました。施設の人たちも、最初は芸能人が来るということで緊張していたようなのですが、結局のところ薬物にはまり、人生がどうにもならなくなったという経験はみな同じです。

そして問題のある家庭で育った仲間たちも多く、中には「親子三代に渡って薬物依存症で、父親から覚せい剤のレクチャーを受け、ネタをひいていた」などという人もいました。そんな話を聞くと〈俺より、すごい環境の人たちがいる!〉という驚きとともに、〈皆、その時は一生懸命生き抜いてきたんだ。やり方は間違っていたかもしれないけど、なんとか生きようと努力してきたんだ！〉と、ある種の感動を味わっていました。そう、依存症になる人は、〈生きようとして依存していき、依存のために生きられなくなった〉のです。その時仲間にも「ある時期は依存症があったから生きられた、依存症のおかげで助かったとも言える」と教えられたのです。

この一般の仲間たちとの出会いは、僕の目を大きく開かせてくれました。

そこで僕は、田中さんとぶつかっていることを正直に山梨ダルクの仲間に相談してみました。すると本当に何が原因でぶつかっているのか第三者の目が入るとよくわかるようになったのです。

一人で悩まず誰かに相談して解決する大切さを僕は初めて学んだのです。

自分がやらかしたことを誰かに話すことほど、恥ずかしく、恐ろしいことはありません。けれどもこの〈墓場まで持っていこう〉と思っていた話を誰かに話すという初めての経験は、自分の心にどんなクセがあるのかを見極めるには、絶対に必要だということが、やってみて良く分かりました。

僕は、自分にとって危険な人を近づけてしまい、自分の頑張りを認められず大事に守れなかったのだということもわかりました。

例えば、僕を指名してくれ役をもらったとしても「事務所の力だから別に俺じゃなくても良いんだよな」とか、僕と親しくなりたいと思ってくれる人がいても「どうせ元妻の高島礼子のファンなんだろうな」とか、「中井の息子だから近づいて来てるんだよな」とか、なんでもかんでも僕という人間の頑張りや功績ではなく、僕の周りにいる人たちの功績だと思っていました。

だから自分の中に自尊心が積み上がらず、自分という人間を大切にできなかったのです。自分を大事にできない人間は、他人も大事にできません。どうでもいいような僕を利用しようと近づいてくるような人には、外づらよくカッコつけて頼りになる自分を演じ、僕を本当に大事に思ってくれている人のことは、別に僕がいなくても大丈夫だろうとあっさり切り捨ててしまうようなことをしていたことが分かりました。

これが分かった時はさすがに落ち込みました。〈俺って、最低だ。何をやってきたのだろう〉とがっくりきました。本当に大事にしてくれている人たちが、僕を大事に思っていることがわかりませんでした。大事にされる価値がないと信じていたのです。

実は、棚卸しが終わったあと、一晩は眠れないほど自分を責めました。

けれどもふと〈あぁ、俺って肝心な時に、薬物繋がりの人を頼りにしたり、相談相手にしていたんだな〉と根本的な間違いを、ストンと認めることができたのです。薬物で秘密を共有することで、絆が生まれるとゆがんだ考えを持っていました。

〈あぁ、そうか、相談相手がそもそも間違っていたんだから、うまくいくわけないな〉と。

と、同時に薬物なんか全く関係のない人たちとは、良い人間関係が築けていたことにも気づきました。そこで、〈全部がダメだった訳じゃない〉と思えて、何だか救われた気がしたのです。


今、僕はステップ九の自分が傷つけた人に対する「埋め合わせ」に取り組んでいます。

先日も、ある人に埋め合わせをしました。僕のことを大事に思い、良い人間関係を築けていた人です。それなのに僕は、自分勝手な思いから、その人の元を去ってしまったのです。

今さら謝っても、罵倒されるかもしれないし、無視されるかもしれないと、傷つく怖さもありましたが、とにかく僕はあの頃の浅はかな行動を謝りたい思いでいっぱいでした。

相手の方と連絡がつくと、僕の数十年ぶりの謝罪を喜んでくれ、逆に、今の僕のことを心配してくれました。

その時、はっきりと〈良い人間関係を築いてくれた愛情深い人は、いつまでも変わらないな〉と思いました。そしてこれからは選択を間違えて、他の誰かを傷つけるような生き方は改めよう、自分と他人を大事にしようと心に刻みました。

俳優復帰を決意した「リカバリーカルチャー」

ひきこもり生活を脱し、講演活動などをするようになり社会復帰をしていったのですが、僕のことを別の角度から支えてくれた人たちがいました。僕が、今住む横浜で出会った人たちです。

僕は事件後、東京にいることが辛くなり、横浜に引っ越しました。人が怖くて、誰にも会いたくないと思っていた時期に、僕のライブを企画してくれたり、仕事先で紹介してくれたりと様々な場面で、

「高知、長い人生、失敗の一つや二つは必ずある。ひきこもっていないでどんどん外に出ていけ」

と応援してくれた方々です。こうして僕は今、歌の方でも人前に立つようになりました。横浜というのは、地域愛にあふれていて横のつながりがすぐにできるところです。そんなアットホームな雰囲気が、僕を包み癒してくれました。

こうして僕のライブ活動に、依存症の仲間たちも顔を出してくれるようになったり、昔からのファンが地方から駆けつけてくれたりするようになり、僕は改めて人との繋がりや、自分の

役割について考えるようになりました。

僕が、芸能界にいた頃、依存症界のことなど全く知りませんでした。正直、気にもしたことがなかったし、市民運動や社会貢献など僕には最も縁がないことでした。おそらく他の多くの芸能人も、僕と同じようなレベルだと思います。

ところが僕は自分が逮捕されてみて、実はこの依存症界の人たちは、芸能界に省みられることもなく、感謝されるわけでもないのに、無償の愛で薬物で捕まった芸能人たちを一生懸命擁護し、社会復帰の援護射撃をしてくれていることがわかりました。

聞けばそれも僕の逮捕がきっかけで、アルコール、薬物、ギャンブルのそれぞれの団体の代表者や専門家が団結していったとのことなのです。僕らが逮捕された二〇一六年頃から、薬物問題を起こした芸能人へのバッシングがどんどんひどくなっていきました。僕らは、

〈それもご時世だし自業自得だから致し方ない〉

とあきらめていましたが、依存症界はこの傾向を危惧し、

〈このような排除の理論が増長されてはいけない。それは薬物依存症者の社会復帰を阻害する〉

との想いを抱いていたのだそうです。

そこへ僕の「来てくれて、ありがとうございます」事件があったのです。僕が、マトリに言ったこの言葉は、またたく間に日本中で報道され、バッシングされましたが「これは依存症者の正直な心情の吐露である！」と、バッシング報道をしたＴＶ局に抗議文を出すことを松本先生と田中さんが呼びかけ、そこで「依存症問題の正しい報道を求めるネットワーク」という団体が誕生したのだそうです。

これには僕も聞いてびっくりしました。

そしてこの僕の事件をきっかけに、行き過ぎたバッシング報道があった場合は、ネットワークから是正の要望書を出したり、薬物問題を起こした芸能人に対する過熱報道への見解をネット記事などに執筆したり、さらにはここ数年マスコミで盛んに取り上げられるようになった「薬物報道のガイドライン」の制定に及んだのだそうです。

確かに、二〇一九年にミュージシャンで俳優のピエール瀧さんが逮捕された時は、僕もすぐ横で田中さんらの動きを見させてもらいましたが、エスカレートする自粛や配信停止、上映停止措置に対し、各社に要望書を提出し、それを取材する報道陣に対応し、ワイドショーで取り上げられれば、

「薬物やった奴なんかを擁護するのか！」

と事務所に鳴りっぱなしになる嫌がらせのメールや電話を処理し、薬物報道に対する意見を

記事に書きネット媒体に流し、ＳＮＳを駆使して依存症界の意見を発信しているのです。

こういった依存症界の働きかけのお陰で、最近は薬物報道のあり方が確かに変わってきたなと思っています。ワイドショーなどでも「治療の重要性」ということが強調されるようになりましたし、〈マトリや警察が逮捕の瞬間をＴＶ局が抑える！〉といったこともなくなりました。

僕は、こういった市民運動なんか正直バカにしていたような生き方をしてきましたが、この、〈依存症者が回復しやすい社会を作る〉

〈誤解や偏見に満ちた依存症の理解を広める！〉

と使命にかられ燃えている仲間たちを見て、僕も何か恩返しをしなくてはならないと考えるようになりました。

僕は、田中さんらに出会うまで正直、役者をまたやろうとか、芸能界に関わろうとか全く思っていませんでした。そんなことが許されるとも思っていませんでしたし、また叩かれることには耐えられそうもなかったのです。だから他の仕事をしようと、実際知人にあたってもらって就職活動もしていたのです。

ところが依存症の仲間たちと出会い、そのご家族たちと関わるようになって盛んに言われるようになったのが「高知さん、また俳優復帰してください」「もう一度、俳優として輝く姿が見たい」と、まんざら社交辞令だけでもなく熱心に言われるようになったのです。

◉思えば、回り道ばかりの人生だったが、やっと「自分」を見つけることができた。しっかりと「生き直す」を目指したい。

僕は、ニコ生もマスコミ取材も講演活動も全て抵抗してきました。もちろん俳優復帰などとんでもないと言い続けてきました。ところが田中さんがこんなことを教えてくれたのです。

「高知さん、リカバリーカルチャーって知ってます？　回復者が作る文化のことです。海外ではアーティストや俳優が、自分の依存症の問題、そしてそこからどう回復したかを音楽や映像や著書などで表現しています。エミネムは『Ｒｅｌａｐｓｅ（再発）』と『Ｒｅｃｏｖｅｒｙ（回復）』というアルバムを作っているし、デミ・ムーアやドリュー・バリモアは著書に自分のストーリーを書いています。エルトンジョンは『ロケットマン』という映画で自分の回復までを描きました。

それと世界で、最も有名な薬物依存症者は、ロバウトダウニーＪｒ．ですが、彼は七回も薬物で逮捕されながら、メルギブソンの支援を受けてハリウッドに復帰し、今では世界で一番稼ぐ俳優となりました。日本では、薬物問題をおこした芸能人は、排除されるか一切語らないかのどちらかです。でもそれは、私たち依存症者をいないものとし、回復しても社会には受け入れられないのだと希望を失わせてきました。日本には再チャレンジできる土壌がありません。私は、日本にこのリカバリーカルチャーを根付かせたいと思っているんです。

依存症からの回復は辛く長い道のりです。簡単ではありません。でもその先に〈希望〉があれば人は回復できます。今の日本は、回復の先に〈絶望〉しかありません。だから、私たちは高知さんが再び輝きを取り戻し、回復のアイコンになって欲しいのです。復帰の道はもちろん厳しいでしょう。だからこそ高知さんがまた、俳優復帰を目指し輝いてくれることで、私たちの希望の灯も大きく灯るのです。高知さんはとんでもない素直さがあります。自助グループに通い、12ステップを一からきっちりとやったそんな芸能人は他に誰もいません。高知さんがはじめてです。それと、依存症者と関わっている姿、あの傷ついた元不良少年たちの心をグッと掴む姿を見ていると、この人ならきっとできる！　と思うのです。だから皆、高知さんの俳優復帰を望むのです」

と言われたのです。

僕は、この時自分にしかできない役割をはっきりと見つけました。〈日本にリカバリーカルチャーを広めよう！〉そう決意したのです。

この時はまだ、〈俳優復帰と言っても、共演者やスタッフの協力者をみつけるのが難しいだろう、田中さんは芸能界のことを知らないから簡単に言うけど、僕と一緒に仕事をするという人がおいそれと見つかる訳がない〉と思っていました。だから、逆に田中さんと協力して、裏方として作品を手掛ける方にまわることなら出来るかも知れないと思ったのです。

ところが田中さんは、おいそれとスタッフを見つけてきたのです。

そして「高知さん、最近Ｔｗｉｔｔｅｒドラマっていう分野があるらしいんですよ！　面白そうだからやってみません？　私、監督とかスタッフの方見つけたんですよ」と言うのです。

そして話はあれよあれよと進んでいき、共演者は青木さやかさんと、元ＡＫＢの鈴木まりやさんと決まり、僕は、ギャンブル依存症者の役をやることになったのです。

仲間たちから寄付を集め、こうして二〇二〇年五月十四日から配信されたのが、『ミセス・ロスト～インタベンショニスト・アヤメ』だったのです。

共演者の皆さんも、監督もスタッフの皆さんも僕に「また頑張って！」と温かく声をかけてくださり、なによりも仲間たち、特に薬物依存症のお子さんを持つお母さんたちが喜んでくださいました。

この時僕は、〈バッシング一辺倒に見える芸能界も、色んな人がいるんだな。僕は、芸能界の一部しか見ていなかったんだな〉と実感しました。

そして田中さんは、もう一つ驚くべきことを伝えてくれました。

実は、僕と出会って間もない頃二〇一九年三月に、現在最も勢いがあり、最も映画が撮れると言われている白石和彌監督と繋がりができたと言ってきたのです。

これには僕はもちろん仰天しました。

僕も白石監督の「凶悪」や「日本で一番悪い奴ら」に魅せられ夢中になった一人ですが、まさかあの人気監督と田中さんが繋がってくるとは想像だにできませんでした。

「一体どうやって？」

と田中さんに聞くと、

「だって瀧さんが逮捕された時に、監督がハフィントンポストのインタビューで、『これからは僕も瀧さんと一緒に啓発活動をやってもいい』っておっしゃってたから、思いきって連絡してみたんですよ」

と言うのです。

この人のこのクソ度胸は、誰にも真似できないところだと思うのですが、白石監督に、

「今、山梨県で依存症の回復施設と少子高齢化した地域社会が共存共栄を果たしていて、それが『山梨モデル』と呼ばれ注目されています。監督に視察に来てくださいってお願いしたら、いらしてくださることになったんですよ！」

と言っていたのを聞いていました。

ですので田中さんが白石監督と繋がりがあることは知っていたのですが、今度は、

「高知さん大変ですよ！　私、今度依存症のＹｏｕｔｕｂｅ用啓発ドラマを高知さん主演で作ることになってたんですけど、なんとその啓発ドラマ白石監督がプロデュースしてくれることになりましたよ！」

と言うのです。

〈高知さん主演でＹｏｕｔｕｂｅドラマを作ることになってたって、当の本人に今言うか？〉という感じなのですが、そういう人なのです。

こうして僕は、白石監督にも関わって頂けることになり、共演は監督のギャンブラーを扱った映画『凪待ち』に出演された、宮崎吐夢さんと決まったのです。


二〇二〇年、バッシングや批難はもちろんあるだろうけど、それを受け入れ俳優として復帰することにしました。

今の僕は、僕をまたひっぱりあげてくれた依存症界に恩返しのつもりで、リカバリーカルチャーを広めていきたいと思っています。

僕は、沢山の間違いを犯し、沢山の人を傷つけ、多くのものを失いました。自暴自棄にもなり、明りの見えない、真っ暗闇の中にひきこもっていました。

でも一つ分かったことは、この世には困っている人間を助けようと思ってくれる人が必ずいること。全世界が、一色に染まっているわけではないこと。

そして失ったことで、初めて見えてくるものもあるのだと知りました。

僕は、侠客の男の愛人の子供として生まれ、母は僕が十七歳の時に自殺し、天涯孤独となりました。裸一貫で東京に出てきて、たまたま芸能人になりました。そして人気女優を妻に持ちながら薬物依存症になり逮捕、そして離婚という経験もしました。

でも今は、これらの出来事が、実は必要があって繋がっていた気がしているのです。

その時は、分からなかった様々な苦悩や絶望も、全てに意味があったと思えるのです。

そしてその意味を生かしていけるかどうかは、これからの自分がどう生きるかにかかっていると思っています。

沢山の傷つけてしまった人、迷惑をかけてしまった人に、心からお詫びを申しあげます。

残りの人生は、依存症やその他のことで傷ついている人に、優しく親切にできる人間でありたいと思っています。

解説

薬物依存症について多くの人に知ってほしいこと

主治医
松本俊彦
国立精神・神経医療研究センター
精神保健研究所 薬物依存研究部 部長
同センター病院 薬物依存症センター センター長

本書は、俳優の高知東生さんが自身の人生をふりかえり、薬物との出会いから逮捕、そして薬物依存症からの回復過程を正直に綴ったものです。依存症からの回復を目指す当事者のグループ（自助グループ）には、12のステップからなる回復プログラムがあり、そのうちのステップ4と5では、「棚卸し」といって、自分の人生を振り返ることが求められますが、その意味では、本書を書くこと自体が高知さんにとっての重要な回復プログラムの一部となっていると考えています。

高知さんは病院での治療を経て、現在は自助グループにつながり、回復のプロセスを順調に進んでいます。初めて病院にやってきたときには、断薬の決意こそ強かったもののいささか力みすぎていました。しかし、回復が進むにつれて、高知さんはよい意味で肩の力が抜け、表情が柔和になりました。特に自助グループに参加するようになってからの高知さんは、これまでの魅力に加え、人間的な深みが増しています。

今回、本書の最後に紙幅をいただきましたので、薬物依存症について多くの人に知っておいてほしいことを述べさせていただきます。

薬物乱用防止の啓発ポスターでは、薬物依存症の人はしばしば、顔が紫色をしていて、頬がこけ目が落ちくぼんだ「ゾンビ」として描かれています。

薬物依存症専門医として断言します。あのポスターに描かれたゾンビのような薬物依存症者は、嘘です。誇張ではなく、完全な嘘です。私は、これまで二十五年にわたってたくさんの薬物依存症患者さんの治療に携わってきましたが、一度たりともあのような薬物依存症の患者さんと出会ったことはありません。

ここから話すことは真実です。これまで私自身が出会ってきた薬物依存症患者さんの多くは、おしゃれで、人を惹きつける話ぶり、人を退屈させない話し上手の魅力的な人でした。そして、意外に思うかもしれませんが、ほとんどワーカホリックといってよいほど、仕事に熱心な人ばかりでした。確かに、病院に訪れる頃には薬物の影響で多くのものを失っていましたが、人生のある時期には社会的な成功をおさめた経験のある人が少なくありませんでした。

このことから何がわかるでしょうか？

魅力的な外見や話しぶりから想像されるのは、彼らが本能的に人からの愛情や承認を引き出す能力に長けている、ということです。しかし、私のような精神科医はついつい物事の裏側を考えてしまうのです。つまり、いつも「人から自分がどう見られているのかが気になって仕方がない人」、さらにうがった見方をすれば、「ありのままの自分に自信がない人」「人から承認されることでどうにか自分を保っている人」といえるかもしれません。

この理屈は、彼らの熱心で、ワーカホリックといえるほどの仕事ぶりにもあてはまります。たとえ見かけ上は自信たっぷりであるように見えたとしても、根っこの自己評価は低いせいで、「ありのままの自分」は到底受け入れられず、周囲からの称賛や、組織上の肩書き、経済的な豊かさなど、目に見える形での承認がないと、不安になってしまうのです。だからこそ、周囲から見捨てられないように、組織や業界、仲間との関係に過剰適応しながら、なんとかして「いなくてはならない必要不可欠な存在」となろうとするのです。

なぜ彼らは「ありのままの自分」に満足できないのでしょうか？

実は、薬物依存症患者さんの多くが、人生の早い時期から「自分には居場所がない」「価値がない」と感じ、自分を大切にすることができない生き方をしています。もちろん、それには原因となる出来事はあります。代表的なものをいえば、虐待や家族内の不和、貧困、親のアルコール問題や精神疾患、学校でのいじめ、生まれつきの病気や障害、人種や宗教、性指向の問題……。人によって異なりますが、共通しているのは、自分自身や自分が生まれ育った家庭や境遇を、人にはいえない秘密、いわば「恥」と感じていることです。

こうした体験はその後の人生に大きな影響を与えます。成人した後も、「ありのままの自分ではダメ、ただそこにいるだけでは見捨てられてしまう」という不安がたえずつきまとうようになります。それは、心の奥にぽっかりと口を開いた穴のような、底なしのさみしさです。そうした底なしのさみしさを跳ね返そうとして、身なりに気を遣い、人を退屈させない話術を身につけ、必死になって仕事をして、人に認められ、愛されることで、心のなかの穴から目を背け、一時的に底なしのさみしさを忘れようと努力します。それは、自分を少しでも大きく見せようと、ずっとつま先立ちしているのに似た、しんどい生き方です。

薬物依存症患者さんの多くが最初の薬物を経験するのは、まさにこうした状況においてなのです。自分が一番認めてもらいたい人、あるいは、「この人とのつながりは何としても大切にしたい」「この人の期待を裏切りたくない」と考えている人から、「仲間になろうよ」と勧められるのです。あるいは、これまで出会った人のなかで一番優しい人、一番自分の話を聞いてくれた人、初めて自分の価値を認めてくれた人から、勧められるのです。しかも、その人は決して「ゾンビ」のような顔はしていません。それどころか、「自分もこの人のようになりたい」と憧れている、キラキラしたかっこいい人たちなのです。

そして最初の薬物使用に際して体験するのは、「めくるめく快感」などではありません。むしろ、たいした快感もなければ、怖い思いもしないという、拍子抜け、あるいは、肩透かしの体験です。その代わり、憧れの人たちから仲間として迎えられたこと、そして、薬物使用という秘密を共有することでできる強い絆や一体感を体験します。おそらくそちらの方が、薬物がもたらす快感よりもはるかに強烈で、その後、薬物使用を習慣化させる十分な報酬となりえます。

もっとも、すでに自分の居場所を手にしていて、ありのままの自分を受け入れている人にとっては、そのようなつながりや一体感にはさしたる価値も魅力も感じないでしょう。しかし、心のなかにあいた穴のような、底なしのさみしさを抱える人にとっては、そうではないのです。なかには、その絆やつながりのなかに、「やっと自分の居場所を見つけた」という安堵感さえ感じるかもしれません。そして、そのような人ほど、将来、依存症に陥る危険が高いのです。

私が何をいいたいかわかるでしょうか?

要するに、薬物依存症という病気は薬物を使うことだけが問題なのではないということ、そして、薬物依存症からの回復は、ただ薬物をやめていれば自然に達成できるものではない、ということなのです。確かに、薬物をやめることは最低限必要です。しかし、根っこにある心の問題を解決し、生き方を変えなければ、薬物再使用する危険性が完全には払拭されません。

薬物依存症の人が薬物を手放すと、これまで薬物によって覆い隠されていた様々な心の問題が浮き彫りになってきます。ささいなつまずきや失敗によって自信喪失したり、人間不信に陥ったりします。まわりの人の成功を妬み、自分のことを認めてくれない人への怒りや恨みの感情に身もだえすることもあるでしょう。ときには、これといったきっかけもなく、「消えてしまいたい」と感じ、自暴自棄になってしまうこともあります。

こうした感情は、薬物依存症の再発の危険が高まったことを知らせる注意サインなのです。なぜなら、薬物依存症の人の多くは、無自覚のうちに、こうした感情を鎮めるために薬物を使ってきたからです。たとえ薬物を使わなくとも、アルコールに耽溺《たんでき》するかもしれませんし、あるいは、一時的に気を紛らわせてくれる刺激的な行動（ギャンブルやゲーム、逸脱した性行動への強迫的没頭など）をとってしまう可能性があるでしょう。

私は、このような心のありようを「心の酔い」と呼んでいて、依存症の治療はまさにこの「心の酔い」から覚めるプロセスこそが本番だと思っています。なるほど、一定期間薬物をやめていれば、薬物は体内から抜け出て、人は「脳の酔い」から覚めることできます。しかし、それだけでは、「心の酔い」から覚めることはできません。ついでにいえば、「心の酔い」から覚める治療は、医療機関ではできません。私たち医療関係者は、「脳の酔い」から覚めるための治療を提供し、薬物をやめるきっかけを作ることができますが、それに引き続いて、「心の酔い」から覚める治療をしてくれるのは、なんといっても自助グループなのです。その意味では、薬物依存症からの回復は、医療と自助グループとが車の両輪となって機能することで達成されるといえるでしょう。

薬物依存症からの回復に必要なのは、バッシングによって社会から排除することではありません。思い出してほしいのは、最初の薬物使用は、自分にとって大切な人や憧れの人との「つながり」を求めて行われる、ということです。だとすれば、薬物を手放すにもやはり新しい、別の「つながり」が必要です。私は、高知さんがそうした「つながり」作りの先頭に立ち、まだ薬物を手放せずに悩んでいる人たちに希望を与える存在になることを期待しています。

高知東生

たかち・のぼる

1964年12月高知県生まれ。
1993年に芸能界デビューし、俳優として、
NHK大河ドラマ『元禄繚乱』や、『課長　島耕作』、映画『新・仁義なき戦い／謀殺』など
映画やドラマで活躍、バラエティに多数出演する。
1999年に女優の高島礼子さんと結婚。
2016年6月24日、覚醒剤と大麻の所持容疑で逮捕。同年8月に離婚。
現在、薬物依存の専門病院や自助グループに関わりながら、
依存症問題の啓発活動に取り組んでいる。
また2020年5月からTwitter配信連続ドラマ
『ミセス・ロスト〜インタベンショニスト・アヤメ』で俳優復帰している。

進行　久保木侑里
協力　関口隆哉
写真提供　高知東生
取材協力　ギャンブル依存症問題を考える会代表　田中紀子

生き直す　私は一人ではない

二〇二〇年九月十六日　第一刷発行

著者――――高知東生
編集人・発行人――阿蘇品 蔵
発行所――――株式会社青志社
〒一〇七‐〇〇五二　東京都港区赤坂五‐五‐九　赤坂スバルビル六階
（編集・営業）
TEL：〇三‐五五七四‐八五一一　FAX：〇三‐五五七四‐八五一二
http://www.seishisha.co.jp/

本文組版――株式会社キャップス
印刷　製本――中央精版印刷株式会社

ISBN 978-4-86590-107-8 C0095